AF335928

LE
TRANS - SAHARIEN

CHEMIN DE FER D'ALGER AU SOUDAN

A TRAVERS LE SAHARA

PAR

GAZEAU DE VAUTIBAULT

PRÉSIDENT DE LA COMMISSION DU TRANS-SAHARIEN

Commissaire-général du Congrès international de Géographie en 1878, membre du Conseil et vice-Président
de la section des Explorations et Voies de communication de la Société de Géographie commerciale,
Membre de la Société des Agriculteurs de France,
Membre du Conseil et Secrétaire de la Section d'Economie rurale de la Société des Sciences sociales,
Avocat à la Cour de Paris, etc.

Prix : 50 centimes

CHEZ TOUS LES LIBRAIRES
ET AUX BUREAUX DE *LA FRANCE COLONIALE*
6, boulevard des Italiens, Paris
1879

LE
TRANS-SAHARIEN

CHEMIN DE FER D'ALGÉRIE AU SOUDAN

A TRAVERS LE SAHARA

Voilà plusieurs années déjà que l'opinion publique est saisie du projet de chemin de fer qui relierait le Soudan à la Méditerranée.

En France, comme en Europe, comme en Amérique, la presse, les sociétés, les gouvernements se préoccupent de cette question de chemin de fer Trans-Saharien dont les résultats seraient plus considérables que ceux du Transcontinental.

En Angleterre, c'est une société anglaise qui, aidée de capitaux puissants, a d'abord caressé le projet d'une mer intérieure dans le Sahara occidental, puis, s'est mise à poursuivre des études techniques pour la construction d'un chemin de fer devant relier les côtes du Maroc ou du Sahara au coude du Niger.

En Allemagne, ce sont ses explorateurs renommés, ses sociétés géographiques qui espèrent faire réussir le projet d'un chemin de fer allant de Tripoli au lac Tchad. L'illustre Petermann et le fameux explorateur Rohlfs ont publié dans la *Revue géographique de Berlin* des travaux à l'appui de ce projet, rival du projet français.

C'est la Société de Géographie de Turin, ce sont les Italiens et les Anglais, jaloux de l'influence prépondérante de la France dans le Nord-Ouest de l'Afrique, qui se rallient au projet de M. Petermann et du docteur Rohlfs.

L'Amérique, elle aussi, la patrie de l'héroïque Stanley, songe à ouvrir un chemin de fer de sa colonie de Libéria au Soudan.

Toutes les puissances, en un mot, ont l'œil ouvert sur ce grand marché du Soudan qui appartient virtuellement à la France par sa situation sur les deux rives de la Méditerranée et ses possessions du Sénégal.

Etant donné cet élan des esprits vers cet immense débouché des industries européennes et américaines, il est indubitable qu'avant 15 ou 20 ans, l'Afrique aura plusieurs Trans-Sahariens ou Trans-Africains, comme l'Amérique a son Transcontinental.

Il s'agit de savoir si c'est la France qui prendra l'initiative du premier, qui aura l'honneur et surtout recueillera tous les bénéfices de sa construction, de son établissement.

Nous devons à la vérité de dire que, jusqu'ici, malgré son esprit casanier, la France n'est pas restée, à cet égard, en arrière des autres nations. Encore un coup de collier, une dernière et courageuse détermination, et bientôt une souscription publique, des chantiers seront ouverts d'Alger sur le Touat et Bamba-Bourroum-Tombouctou.

La Société de Géographie de Lyon, la Société de Géographie commerciale de Paris, le Congrès international de Géographie commerciale de 1878 dont nous avons eu l'honneur d'être le promoteur et un des trois commissaires généraux, les Largeau, les Soleillet, les général Colomb, les colonel Colonieu, les du Mazet, les Duponchel et cent autres, ont tour à tour agité les esprits en faveur du chemin de fer Trans-Saharien, patronné par notre sympathique et éminent collègue, F. de Lesseps.

L'Administration supérieure a fini par prendre le projet en considération.

Elle a confié à notre collègue M. Duponchel, ingénieur en chef des ponts et chaussées de Montpellier, la mission d'aller faire des études préliminaires sur les lieux, sur le terrain même.

M. Duponchel a exécuté de main de maître sa mission officielle en l'année 1877.

Il vient de publier son remarquable rapport officiel avec cartes à l'appui. C'est un volume de 400 pages.

Le Congrès international de Géographie commerciale a émis, sur notre proposition, un vœu explicite en faveur du Trans-Saharien.

Voilà le point jusqu'auquel aujourd'hui, en France, les efforts réunis de quelques Français résolus ont amené la question du Trans-Saharien.

Certes, de grands résultats ont été déjà obtenus.

Nous n'en sommes pas moins encore qu'au commencement du commencement.

Il importe donc de redoubler d'action et de vigilance.

En l'état, le rôle de la presse, des Sociétés, des hommes politiques et des particuliers est d'entreprendre une campagne active, à l'effet d'abord d'amener l'Administration supérieure à faire le plus tôt possible son choix entre les divers tracés proposés d'Alger au Niger.

En ce qui nous concerne, nous venons apporter notre humble pierre à l'édifice, présenter quelques observations qui seront le résumé et du rapport magistral de M. Duponchel, — et des discours que nous avons prononcés, tant à la Société qu'au sein du Congrès international de Géographie commerciale, — et de conférences que nous avons faites à la salle du boulevard des Capucines.

Le coût du Trans-Saharien, — nous l'établirons plus loin en détail, — sera de 400 millions au maximum.

Quels seront les bénéfices de l'entreprise ? Nous tenons à exposer de suite et avant tout cet élément capital de la question.

Les terrains producteurs d'alfa, occupent 7 millions d'hectares sur les hauts plateaux de l'Algérie. Bien aménagé, l'alfa pourrait donner une tonne à l'hectare. Réduisons la production de moitié, à 500 kilog. l'hectare ; l'alfa d'Algérie offrirait encore un débouché de 4 millions de tonnes. Mais l'industrie ne semble pas devoir de longtemps utiliser plus de 400,000 tonnes par an. Or, l'alfa vaut, dans les ports d'expédition, 130 francs la tonne, et les frais de récolte atteignent au plus 30 francs. 400,000 tonnes représentent donc un bénéfice net de 40 millions. Il en résulte que la première section du chemin de fer d'Alger à Laghouat ou à toute autre station de même latitude, devant coûter 70 millions, le service se trouverait assuré des intérêts du capital dépensé et des frais d'exploitation. Car il suffirait pour cela que la Compagnie du Trans-Saharien opérât annuellement la vente de 100,000 tonnes d'alfa qui, vendues sur le pied de 100 francs net, rapporteraient 10 millions. Voilà pour l'alfa.

Un autre trafic, celui des dattes et des céréales d'Algérie au Touat, donnerait des revenus non moins élevés. Chaque année, des caravanes de 20,000 chameaux partent des confins de la province d'Oran, vont approvisionner de céréales les 400,000 habitants du Touat et en rapportent des dattes en échange. Elles échangent au Touat une mesure d'orge pour trois mesures de dattes, — et, sur les plateaux, elles donnent une mesure de dattes pour trois d'orge. Le tarif de transport revient ainsi à 0 fr. 50 c. par tonne et par kilomètre, à 1 fr. 50 c. par journée de chameau, y compris son conducteur. Ces caravanes transportent actuellement 100,000 tonnes au moins par an, sur un parcours de 1 000 kilomètres. Au prix de 0 fr. 02 c. par tonne et par kilomètre, il y aurait donc là un revenu kilométrique certain de 10,000 fr., soit de 10 millions pour 1,000 kilomètres. Mais il faut ajouter que le Trans-Saharien, en assurant les 400,000 habitants du Touat d'un approvisionnement régulier et en les préservant des famines qui les déciment par suite de la difficulté actuelle des communications, doublerait la consommation des céréales, leurs quotités de transport, et quintuple-rait la production des dattes. De ce second chef de trafic, nous pouvons donc déclarer que les revenus du Trans-Saharien suffi-raient à couvrir les frais de la 2e section de Laghouat au Touat, étant donné qu'elle coûtât plus de 100 millions à établir.

Mais il y a un trafic qui rapporterait davantage au Trans-Saharien, c'est la fourniture du sel marin aux contrées du Soudan. Le sel y est une consommation de luxe, propre aux hautes classes. Les classes pauvres suppléent à ce condiment d'indispensable nécessité par l'usage du poisre ou de lessives de cendres végétales. Les caravanes l'apportent au Soudan de quatre salines du Sahara. Cette exportation de sel occupe 30,000 chameaux. Elle est de 20,000 tonnes pour une population de 80 millions d'habitants, soit une demi-livre par tête.

Le sel se vend de 1,500 à 2,000 fr. le tonne, soit 2 fr. le kilog, et même 2 fr 50 à 3 fr. Pour être à notre niveau de consommation, le Soudan devrait consommer 400,000 tonnes de sel par an, puisqu'en France la consommation est de 10 kilos par tête. Réduisons ce chiffre des 7/8 et supposons que, le chemin de fer construit, le Soudan n'arrivât à consommer que 50,000 tonnes, soit 2 kilos à peine par habitant ; supposons que la compagnie, ayant le monopole du sel, qui se ramasse à la pelle au Touat et sur les plateaux d'Algérie, qu'elle le vendît au prix minime de 0 fr. 25 c. le kilog, au lieu de 2 à 3 fr., au prix de 200 fr. la tonne. Eh bien ! la Compagnie réaliserait un béné-fice de 20 millions. Or, 20 millions, c'est précisément l'intérêt à 5 0/0 des 400 millions que coûterait le Trans-Saharien. Il n'est pas inutile d'ajouter que ce que nous venons dire sur le trafic du sel est ample-ment confirmé dans la *Revue* du plus illustre géographes contemporains, de feu Permann, par un autre prussien, l'explorateur Saharien, M. Rohlfs, qui est en même temps un des adversaires du Trans-Saharien... français.

Comme on le voit, le trafic de l'alfa donnerait à lui seul, et au minimum, un bénéfice de 10 millions ; celui des céréales et des dattes du Touat, également 10 millions ; celui du sel pour le Soudan, un minimum de 20 millions. Ce qui fait un total de 40 millions, en ce qui concerne seulement ces trois sortes de trafic.

Nous parlerons plus loin des autres sources de revenus. En attendant, nous constatons tout d'abord que ce premier revenu de 40 millions rémunérerait largement l'établissement du chemin de fer des frais d'intérêt et d'exploitation, puisque le devis de construction, encore une fois, est de 490 millions.

Après avoir éliminé avec soin, tout d'abord, l'élément de doute qui se fait jour naturellement chez certains esprits irrésolus, dès que l'on pose pour la première fois, devant eux, la question du trans-saharien, — ce nous est un devoir de prendre maintenant la question de haut et de dire que son heureuse solution aurait pour la France, au point de vue moral, social, matériel, politique et national, des résultats multiples dignes d'être médités par les hommes d'Etat.

La France y trouverait un large emploi pour ses capitaux improductifs.

La crise industrielle qu'elle subit serait arrêtée.

Le trop plein de ses manufactures au-rait un écoulement assuré et illimité chez les 80 millions d'habitants du Soudan.

Les matières premières exotiques que les vaisseaux et les commerçants étran-gers nous apportent difficilement, et à taux onéreux, des pays lointains, de plu-sieurs milliers de lieues, nous arrive-raient en quatre jours de l'Afrique Nord-Centrale, à des prix convenables et au grand profit de notre commerce et de no-tre marine.

Nous créerions du même coup, au sein de notre pays, un vaste courant d'émigra-tion vers ces contrées nouvelles, riches et salubres. L'excédant des populations des villes, les oisifs, les déclassés, les désœu-vrés, les fils de famille auraient, dans notre nouvelle colonie des Indes africai-nes, un débouché pour leur activité, des moyens sûrs d'acquérir honorablement une fortune rapide.

Il y aurait là pour nos gouvernants une occasion de créer, dans notre malheureuse

patrie, une nouvelle vie publique, d'arra-
cher les Français à l'esprit de fonction-
narisme, de favoritisme, de parasitisme,
de démoralisation bureaucratique, source
première de toutes les démoralisations. Ce
serait pour eux une occasion de saper par
la base ce legs délétère des monarchies
déchues,— de purifier notre pays de cette
tunique de Nessus qui, tour à tour, a
ébranlé, renversé tous nos gouvernements,
— de relever la France qui, isolée, repliée
sur elle-même, se condamne à vivre de
sa propre substance, épuise son activité
dans des luttes intestines pour des questions de places mercenaires, et agonise
dans les plis et replis de son fonctionna-
risme, ayant même tout au plus la force de
se repeupler.

La nouvelle colonie des Indes africai-
nes remplacerait avantageusement nos
vieilles colonies du Canada, des Indes-
orientales, dont se sont enrichis les Anglais, nos heureux rivaux.

Nous avons bien, il est vrai, le Sénégal,
la Guyane, la Cochinchine. Mais le climat
de ces colonies est essentiellement insa-
lubre. — Pour aller là, il faut s'expatrier
pour ainsi dire ; et le voyage exige une
dépense qui est tout un capital. Le Soudan, au contraire, est à nos portes. Le
voyage du Soudan se faisant en quatre
jours par le Trans-Saharien, serait pure-
ment et simplement un déplacement qui
exigerait, d'après nos évaluations de rendement citées plus loin, une dépense de
125 fr. à l'aller, à raison de 0,05 c. par
kilomètre sur un parcours de 2,400 kilomètres d'Alger à Tombouctou.

Comparées aux Antilles ou aux Indes
anglaises, la supériorité est du côté des Indes africaines. Comme les Indes anglaises,
comme les Antilles, elles produisent toutes les denrées des pays tropicaux ; mais
elles sont moins éloignées qu'elles, plus
salubres, plus fertiles et surtout habitées
par des races noires, plus aptes que les Indiens aux labeurs agricoles des pays chauds.
Il y a deux siècles, tout le courant du commerce européen se portait sur les Antilles
et le continent américain, dépourvus presque d'habitants ; ces pays se sont peuplés
et enrichis à exporter leurs produits en
Europe, et ils n'ont pas tardé à devenir
largement importateurs. Tel serait, à bref

délai, le sort du Soudan qui a sur ces pa[ys]
l'avantage de nous avoisiner et d'être trè[s]
peuplé.

Pourquoi le Soudan est-il resté ju[s]
qu'ici en dehors du mouvement industri[el]
et commercial ? Parce qu'il est isolé d[u]
reste du monde,— au Nord par des déser[ts]
dont la traversée est rendue difficile [et]
limitée par des moyens de locomotion ([le]
chameau) tellement primitifs qu'il fau[t]
120 jours pour les parcourir,— du côté de [la]
mer par des montagnes renforcées à le[ur]
base par des marais pestilentiels. Jusqu'[à]
nos jours, la colonisation a toujours é[té]
exclusivement maritime. La civilisatio[n]
n'a pu s'étendre que par les voies navig[a]
bles, que sur les îles de l'Océan et sur l[es]
côtes. L'intérieur des continents lui [est]
resté fermé avec toutes leurs richesse[s]
Il est temps qu'au moyen des chemins [de]
fer, qui rendraient la voie de terre pl[us]
sûre, plus prompte, plus facile, infinime[nt]
moins fatigante et moins périlleuse q[ue]
la voie de mer, — il est temps que la col[o]
nisation continentale se substitue à la c[o]
lonisation maritime, d'autant plus que l[es]
richesses naturelles à exploiter so[nt]
plus grandes à l'intérieur des cont[i]
nents que sur leurs côtes. De même q[ue]
les bassins du Rhône, de la Saône, de [la]
Garonne, sont plus riches que ne le lai[s]
sent supposer pour des navigateurs [le]
delta de la Camargue, les landes de [la]
Gascogne ou les marais de la Saintong[e]
ainsi il en est pour l'intérieur de to[us]
les pays, et surtout pour les richesses d[u]
Soudan, pour la salubrité de son clima[t]
malgré l'état inhospitalier des côtes [de]
Guinée, du delta fangeux du Niger do[nt]
l'insalubrité les ferme presque tout-à-f[ait]
au contact de la civilisation européenn[e]

Le Soudan pourrait économiqueme[nt]
nous fournir la totalité des denrées col[o]
niales que nous allons recueillir à gran[ds]
frais jusque dans les deux Indes. No[us]
importons annuellement de ces pays u[n]
million de tonnes (d'après la statistiqu[e]
officielle), dont 627,000 tonnes en grain[es]
oléagineuses, fruits oléagineux, huile [de]
palme, coton, peaux, indigo, riz et gomm[e]
Or, toutes ces denrées sont produites [en]
grandes quantités au Soudan. Quant a[ux]
370,000 autres tonnes, elles consistent [en]
sucre, soie, tabac, café, cacao, jute[s]

itrate de potasse. Le climat et le sol du
oudan permettraient de les y récolter, de
ous en approvisionner quand et autant
ue nous le voudrions.

A supposer même que le Soudan ne
urnît au Trans-Saharien dans un court
ps de temps que 100,000 tonnes, que le
ixième de ce million de tonnes, cette
odique évaluation de tarif suffirait
jà, à elle seule, à entretenir le trafic
importation en France de la voie
rrée.

Le trafic d'exportation serait d'une
ilité bien plus grande pour la France
e le trafic d'importation. Il fournirait
effet à nos manufactures et aux manu-
ctures européennes, un débouché colos-
l pour leurs cotonnades, leurs soies, leurs
aps et autres tissus, leur quincaillerie,
urs métaux ouvrés et objets de luxe.
serait le meilleur remède à la crise
anufacturière que nous subissons et qui
pour cause la pléthore industrielle. Il
ait aussi pour le Trans-Saharien une
uvelle source de revenus abondants qui,
ints à ceux dont il a été et dont il sera
us tard question, sont à nouveau une
euve irréfragable de tous les avantages
anciers de l'entreprise.

Nous avons comparé tout à l'heure le
udan aux Indes. Comparons maintenant
Trans-Saharien au Trans-continental,
démontrons que, sous tous les rapports,
n'y a pas de comparaison possible entre
Trans-Saharien et le Trans-continen-
l.

Le Trans continental a d'un Océan à
utre 5,816 kilomètres. Il a été cons-
uit dans un pays complétement inex-
oré, dans une contrée très tourmentée.
traverse quatre grandes lignes de faîtes,
ant 2,300 mètres de hauteur et au des-
us et se maintenant à 1,800 mètres, sur
e largeur de 1,900 kilomètres, avec des
iges persistantes, des fondrières et des
alanches. Il a fallu établir contre ces
alanches de nombreux tunnels, ayant
qu'à 70 kilomètres de longueur. Telle a
é l'audace des Américains qu'en 1888
ont construit et achevé 1,688 kilomé-
es en 16 mois, ce qui fait 1,200 kilomé-
es à l'année. Le Trans continental a
ûté plus d'un milliard, soit 200,000 fr.
kilomètre. Dès sa première année, il a

rapporté 72 millions. Depuis lors, quatre
compagnies rivales se sont présentées pour
établir, sans secours de l'Etat, des lignes
parallèles, traversant les vastes solitudes
que sillonne le Trans-continental. Nous
allions oublier de rappeler qu'il a été
construit à travers des contrées inhabi-
tées et aboutissant à des pays presque
identiques, et qu'au lieu de suivre la civilisation, il l'a fait naître et créée de toutes
pièces.

Le Trans-Saharien construit, quatre
nouvelles compagnies se présenteront-elles
pour lui faire concurrence ? Nous n'avons
pas la hardiesse d'émettre de telles espé-
rances. Mais en regard de ce qu'ont fait
de gigantesque les Américains, l'entreprise
du Trans-Saharien demanderait aux Français des efforts bien modestes. Il n'aurait
que 2,400 kilomètres d'Alger au Niger,
dont 1,920 seulement de Laghouat ou Géryville (le chemin de fer d'Oran va jusqu'à Géryville) à Bourroum-Tombouctou.
La différence de trajet est donc de plus
de moitié entre le Trans-Saharien et le
Trans-continental. — La supériorité du
Trans-Saharien est surtout dans les difficultés techniques de constructions, de
terrassements, de tunnels, d'ouvrages d'art
de toute nature qui seraient presque nul-
les. Le pays entre Alger et le Niger est
composé de larges plateaux sans déclivité
sensible, sans grandes lignes de faîte à
franchir, avec de longues vallées presque
constamment à sec.

Dans ces conditions, le Sahara se prê-
tera le plus avantageusement à l'établissement rapide de la voie provisoire dont
la pose devra précéder celle de la voie définitive. — Le parcours de l'Algérie, du
Sahara algérien, du Touat et des confins
du Soudan, offrira, pour les travaux de
construction, la main-d'œuvre que n'a-
vaient pas les Américains sur les lieux
parcourus. La main-d'œuvre sera fournie
par des Marocains, des Espagnols, tous
nomades éprouvés aux plus rudes travaux,
par des indigènes du Sahara, tentés par
l'appât d'une paie régulière et d'une nour-
riture assurée. Les robustes et excellents
terrassiers des ksours et oasis de l'O-Rhir,
les Mozabites, les Berbères, les Touatiens
et plus tard les noirs du Soudan viendront
plus nombreux encore dans les chantiers.

Avec l'audace première, qui est une des qualités de leur génie, les Américains sont parvenus à poser 4 kilomètres de voie par jour. Sur le parcours facile du Sahara, nous pourrions opérer plus vite, et en trois ans, en deux ans, pousser nos locomotives jusqu'aux rives du Niger. — Le Trans-Saharien partira du bassin de la Méditerranée, le plus riche du monde ; il traversera des contrées commerçantes relativement à celles primitives du Trans-Continental et aboutira à un vieil empire de 80 millions d'habitants. Au Trans-Continental, la construction du chemin de fer a eu lieu dans des pays sauvages ; c'est aussi ce qui s'est passé pour le chemin de fer du Panama ; de même, les Anglais n'ont pas hésité en maintes occasions à ouvrir des voies ferrées définitives ou provisoires de ce genre ; ils en ont même ouvert en Abyssinie pour le service d'une seule expédition militaire. Eh bien ! ici, le Trans-Saharien partira de contrées civilisées, traversera des pays à moitié civilisés, peuplés de plus d'un million d'habitants et se terminera à des régions populeuses qui, en tous temps, ont été en contact avec les civilisations de l'Orient et verront leur civilisation ici naître, là grandir, prendre des développements sensibles à l'ombre de notre drapeau protecteur.

Nous concluons que le Trans-Saharien l'emporte sur le Trans-Continental sous le rapport de moindre longueur, sous celui de la perspective du trafic, sous celui de la main-d'œuvre, des obstacles locaux du sol, des dépenses premières. Nous verrons plus loin, à la partie des objections, qu'en ce qui concerne le climat et l'hostilité des populations, l'avantage est encore du côté du Trans-Saharien, qu'il y a compensation relativement aux obstacles apportés par les avalanches et les dunes ; qu'enfin le Trans-Saharien aura le désavantage d'exiger des transports d'eau assez coûteux. Il en résultera chez nos lecteurs la conviction que, pour les Américains qui ont construit le Trans-Continental, l'établissement du Trans-Saharien serait une bagatelle, et qu'ils l'auraient fait déjà depuis longtemps si les Etats-Unis avaient été la France au lieu d'être situés en Amérique.

Mais c'est ici le lieu de donner quelques explications sur la géographie du pays à parcourir et sur le tracé du chemin de fer.

A moitié chemin entre Alger et le Niger, il y a une série d'oasis, les oasis du Touat, qui ont 400 kilomètres de long sur 300 de large et 400,000 habitants. Elles occupent 8 millions d'hectares. Elles doivent leur fertilité aux eaux qui descendent de l'Atlas et des monts Haggars. Elles ont des travaux hydrauliques très-ingénieux qui remontent à deux mille ans, aux temps d'une vieille civilisation nègre assez avancée, laquelle a laissé dans tout le Sahara quelques vestiges consistant en débris de canaux, murs d'enceinte et pâtés de maisons. Le Touat étant, pour son alimentation en viande, laine et céréales, à la merci des envois irréguliers de l'Algérie, a des excédants de population qui émigrent et offriraient leurs bras à la construction du chemin de fer.

L'Atlas est une chaîne de montagnes parallèle à la mer, qui coupe en deux l'Algérie. Les Haggars ont de 500 à 2,000 mètres d'altitude ; ils ont 700 kilomètres carrés, des neiges persistantes de décembre à mars, quelques forêts de myrtes, thuya, adjar, kimba, gabnous (ébène), etc. ; ils ont un climat continental entièrement distinct de celui de la Méditerranée. Ils occupent 40 à 50 millions d'hectares. Ils sont entre le Touat et le Niger, mais sensiblement à l'Est. Il est plus exact de dire que ces montagnes sont entre Tripoli, Gadamès et le Niger.

Les affluents de l'Atlas sud se réunissent pour les provinces de Constantine et d'Alger dans une artère principale, l'O. Chélif. Cet oued ou rivière débouche dans les marais de l'O. Rhir, au-dessous de Biskra, près du golfe de Gabès. Entre Laghouat et Biskra, il forme la limite naturelle du Sahara algérien et du grand Sahara.

Les affluents de l'Atlas, pour la province d'Oran et le Maroc, convergent vers une artère principale, l'O. Guir. Cet oued est alimenté pendant la saison pluvieuse par un courant d'eau considérable. Il alimente à son tour une rue continuelle d'oasis depuis l'Atlas jusques et y compris celles du Touat ; il traverse 365 villes ou ksours de Fighig à Gourara ; c'est une véritable rivière de palmiers, longue de plusieurs containes de kilomètres; il va probablement se perdre dans le Niger, après avoir reçu les affluents occidentaux des Haggars, l'O. Akaraba, l'O. Tarhirt, etc. Le bassin de l'O. Guir a la forme d'un triangle allongé ayant 100 lieues de base au pied de l'Atlas sur 225 de hauteur jusqu'à l'extrémité du Touat. La souveraineté du Maroc y est, dit-on, méconnue.

Tandis que l'O. Guir descend de l'Atlas vers le Niger, deux autres rivières tournent le dos au Niger, descendant des Haggars vers la Méditerranée, vers l'O. Rhir, le golfe de Gabès. Elles sont parallèles entre elles et à l'O. Guir. La plus importante est l'O. Igharghar qui a 1,000 kilomètres de long et coule à ciel ouvert jusqu'à une journée de marche en amont de Timassanin. L'autre, l'O. Mya n'est qu'un affluent de l'Igharghar et suit son cours entre l'O. Guir et l'O. Igharghar, il a sa source près du Touat, passe près Goleah (Algérie), à Ouargla et se jette à Touggourt dans l'Igharghar; dans ses crues annuelles, il coule à ciel ouvert jusqu'à une journée de marche en amont d'Ouargla.

Nous ajoutons qu'il serpente au milieu d'une plaine de grès non désagrégé et très-unie; les deux côtés de son lit sont garnis de grands arbres, hauts comme des palmiers; il y a même des peupliers blancs à Hamad-el-Atchan, près de Tin Fedjaoin; lors de la conquête arabe, il constituait encore une ligne non interrompue de cultures et villages entre In-Salah (Touat), Goléah, Ouargla et Biskra; Goléah avait alors 70.000 habitants, Ouargla 200,000; actuellement, entre Biskra et Ouargla, on compte 100,000 agriculteurs, non compris les nomades, qui produisent beaucoup de dattes, de laines et de moutons.

Les deux bassins de l'O. Guir et de l'O. Mya-Igharghar sont séparés par une ligne de faîte, formée par une série de plateaux peu élevés. Ces plateaux ont, près de Laghouat, une altitude de 8 à 900 mètres qui descend à 500 mètres au Djebel-Tidikelt (Touat). Là, la ligne de faîte se relève pour se rattacher au massif culminant des Haggars. Elle est connue sous le nom d'O. Lua. Cette dépression, cette vallée est libre de sables. Elle constitue une série de vallées successives dont les eaux rejoignent l'O. Mya. Les oasis de l'Aougerout

(Touat) en sont le prolongement et vont rejoindre obliquement l'O. Guir dans le Timmi (Touat).

Parmi les promoteurs du Trans-Saharien français, les uns proposent le tracé par l'O. Guir, les autres par l'Igharghar, ou bien par l'O. Mya et encore par l'O. Lua.

Quel est le préférable? Nous le saurons en prenant note de la description géographique que nous venons de faire et en nous rendant compte d'un principe capital en matière de voie ferrée, qui doit être appliqué au Trans-Saharien plus qu'à toute autre entreprise de chemin de fer.

Un chemin de fer doit être construit de manière à faire circuler de grandes masses de marchandises au minimum de frêt possible, de manière à rivaliser de bon marché avec les transports par eau. C'est à cette condition qu'il arrive à donner des produits de plus en plus rémunérateurs, étant donné que c'est la modicité du frêt qui règle l'étendue du rayon dans lequel le commerce peut opérer ses échanges pour la majeure partie des marchandises. Si l'on veut effectuer des transports considérables à très-bon marché, il est indispensable de ne pas s'écarter d'un maximum de rampe de 3 à 4 millimètres, d'un minimum de rayon de courbure, de 5 à 600 mètres. Ne faut-il pas en effet une dépense d'action mécanique vingt fois moins forte pour faire parcourir la même distance à une même charge brute sur un chemin de fer horizontal et rectiligne que sur une route de terre? Est-ce qu'un train comprenant cent voitures en pleine charge, qui pèsent 1000 tonnes, ne demande pas qu'un effort continu de 1000 kilos pour sa traction uniforme sur une voie de fer horizontale? Est-ce qu'il ne suffit pas d'une locomotive de 100 chevaux-vapeur pour en assurer la marche avec une vitesse de 7 mètres 50 c. à la seconde, de 27 kilomètres à l'heure? Est-ce que sur une voie ayant une rampe de 1 millimètre, il ne faudrait pas déployer pour la même vitesse une puissance double de celle que nous venons de préciser, une puissance de 200 chevaux au lieu de 100? Ne faudrait-il pas en déployer une de 300 chevaux sur une rampe de 2 millimètres, une de 500 chevaux sur une rampe de 4 millimètres, et ainsi de suite ? Donc, plus les rampes s'élèvent, plus doit s'élever le poids de la machine et du tender, plus le poids total des convois doit être réduit. Le poids utilisable des wagons chargés ne doit pas être réduit de moins des 15|16 dur une rampe de 35 millimètres. La pratique a démontré que le transport par chemin de fer coûte en frais de personnel et de matériel 16 fois plus en rampe de 35 millimètres qu'en rampe de 4 millimètres. Quant aux rayons de courbure, dans le minimum de 3 à 500 mètres de rayon, il a été constaté que chaque réduction de 25 mètres dans sa longueur se traduit par un surcroît de traction équivalente à 1 millimètre en plus de rampe à franchir.

Ceci étant dit, et en se souvenant que le transport actuel par caravane, d'Alger à Tombouctou, coûte de 0,50 cent. à 0,80 cent. par tonne et par kilomètre, 1,200 à 1,500 francs pour tout le parcours ; que, par conséquent, dans ces conditions, on ne peut transporter que les objets de très grande valeur, — il importe de constater :

Qu'un chemin de fer, à rampes de 20 à 25 millimètres, pourrait abaisser les frais de transport à 10 centimes par tonne et par kilomètre, à 250 fr. pour tout le parcours d'Alger à Tombouctou ; qu'on pourrait donc transporter par le Trans-Saharien non-seulement l'or, l'ivoire, les plumes d'autruche, mais encore l'indigo, le coton, la salsepareille, la cire, le cuir, tout ce qui, au Soudan, vaut au moins 5 à 600 fr.;

Qu'en abaissant les rampes à 10 millimètres, on réduirait le tarif kilométrique à 5 centimes, à 125 fr. le tarif total ; qu'alors on pourrait transporter des graines oléagineuses, des arachides, des sésames, toutes choses qui valent à Marseille 3 à 400 fr. la tonne;

Avec des rampes de 6 à 7 millimètres, on réduirait le tarif kilométrique à 3 cent., à 75 fr. celui de la distance totale ; et on pourrait transporter le froment, le riz qui valent en France 2 à 300 fr. la tonne;

Enfin, avec des rampes de 3 à 4 millimètres, on aurait des tarifs de 2 centimes le kilomètre, de 50 fr. la distance totale, et on transporterait des grains grossiers, le maïs, l'orge, l'avoine, valant 150 à 200 francs.

En un mot, on voit dans quelle mesure, au moyen d'un tarif de 2 cent., on obtiendrait des résultats plus rémunérateurs qu'on ne peut en attendre du tarif de 6 et 8 cent. appliqué aux trains incessamment fractionnés et remaniés de nos petites lignes françaises à fortes rampes.

Au surplus, voici quelles seraient les dépenses de service d'un train de 80 pièces, pesant 1,000 tonnes, transportant un poids utile de 600 tonnes, pendant 2,500 à 3,000 kilomètres, sur le Trans-Saharien :

Combustible : 2 kilos par cheval et par heure, pour une locomotive de 350 chevaux-vapeur, pendant 120 heures, avec une vitesse de 25 kilomètres à l'heure, 70 tonnes à 45 fr. .... 3,150 fr.

Personnel : 4 conducteurs ; chauffeurs, mécaniciens, pendant une semaine, avec arrêt et repos, un mois de salaire. .... 250 »

Eau : fourniture de 500 mètres cubes à 1 fr. 50 le mètre cube. .... 750 »

Usure : voie, matériel, faux frais divers, non compris les frais généraux et l'intérêt du capital. .... 1,850 »

Total des frais pour un train. 6,000 fr.

Un pareil convoi, disions-nous, pourrait à la rigueur transporter un poids utile de 600 tonnes. Réduisons un tiers pour tenir compte des wagons vides au retour et autres non-valeurs. Le prix de revient pour une tonne serait donc de 15 fr. A ce prix, en reportant ses frais généraux sur les marchandises d'un prix élevé, non-seulement la Compagnie pourrait convoyer les marchandises courantes du Soudan au prix de 30 fr. la tonne ; mais encore, pour le même prix de 30 fr., elle pourrait aller s'approvisionner bien au-delà du coude de Niger et des contrées adjacentes ; elle le pourrait jusques à 2,000 kilomètres plus loin, en se prolongeant, par des embranchements, dans les régions écartées de l'Afrique centrale, à proximité de l'Equateur et du bassin du Congo.

Après ces explications, nous pouvons juger quel est le tracé qu'il convient de choisir pour le Trans-Saharien.

Le tracé par l'Ighargbar, par Idelès qui est à la source de cet oued, par Timassanin, Ouargla, Touggourt et Biskra, ce tracé a un faîte de 2,000 mètres au moins à franchir. A partir d'Ouargla, il n'y a pas, sur le parcours, jusqu'à Bamba et Tombouctou, d'autres populations que celles clair-semées des Touaregs, et il n'y a guère plus de ressources en produits qu'en habitants. Ce tracé est peu séduisant à tous égards, surtout à cause du faîte à franchir. C'est aussi le tracé le plus long.

Le tracé par Philippeville et l'O.-Mya, par Biskra, Touggourt, Ouargla et El-Goléah à In-Salah, a un faîte de 500 mètres au plus en avant d'In-Salah. Il offre des ressources sous le rapport des produits et des habitants. Il dessert les oasis de Biskra, des Libans, du Souf, de Touggourt, d'Ouargla et Goléah, avec de nombreux villages intermédiaires et des eaux jaillissantes qui permettraient de transformer le pays en une longue suite d'oasis depuis l'Algérie jusqu'au Touat. Mais les pentes sont trop fortes entre l'O.-Rhir et les plateaux de Constantine; la différence d'altitude est de 1,400 mètres. Entre Philippeville et l'Atlas, la différence est de 1,400 mètres sur moins de 100 kilomètres de longueur.

Le tracé par Oran et l'O.-Guir. — Les dunes de l'Ahreg barrent transversalement les affluents de l'O.-Guir, mais elles peuvent être évitées par deux passages libres : 1° par la dépression de l'O.-Lua; 2° par le lit de l'O.-Guir, branche principale. Le tracé de l'O.-Guir a des populations plus nombreuses encore que l'O.-Mya, des eaux plus abondantes. Jusqu'au bout du Touat, il n'est qu'une rue continue d'oasis et de palmiers. Mais il y aurait des difficultés diplomatiques à surmonter, l'O.-Guir coulant, peut-être, sur l'empire du Maroc. Puis le tracé a des inconvénients de pente. Entre Oran et les plateaux, il y a une différence de 1,400 mètres d'altitude sur moins de 100 kilomètres de longueur; cette différence demanderait un maximum de rampe de 20 millimètres à la montée de l'Atlas.

Le tracé Alger-Laghouat et O.-Lua a de grands avantages. Par la vallée du Chéliff, qui est la seule par laquelle on puisse franchir l'Atlas en rampe continue, la voie ferrée s'élèverait à la remonte de l'Atlas au moyen d'une rampe presque uniforme sur un parcours de 300 kilomètres. A la descente, elle parcourrait un versant faiblement incliné de 80 kilomètres de long, avec une différence de niveau restreinte à 500 mètres. Au delà de Laghouat, elle trouverait la vallée de l'O.-Lua, où, sur 900 kilomètres de parcours, sa pente serait partout inférieure à un maximum de 5 millimètres. Des nappes d'eau souterraines pourraient alimenter des puits sur une grande partie du parcours; à supposer qu'on ne pût y réussir entre l'O.-Mézy (près Laghouat) et Hassi-Zirara, on aurait recours à une conduite d'eau forcée sur une longueur de 300 kilomètres, ce qui ne serait qu'une pure question d'argent. Sur 660 kilomètres entre l'O-Mézy et le Touat, la voie serait établie à fleur de sol, avec peu de terrassements, sans ouvrages d'art, si ce n'est quelques parasables, ponts et viaducs; elle coûterait 40 fr. le mètre courant de plate-forme. Le tracé traverserait des régions riches en alfa et en végétation herbacée sur les plateaux, à proximité du Djebel-Amour où vivent des populations nombreuses et industrieuses. Il serait sous la protection des postes militaires de Boghar et Laghouat, proche ceux de Géryville et de Djelfa. Il permettrait de réduire de moitié l'effectif de ces garnisons et encore plus ceux du ravitaillement. Il a encore l'avantage d'être plus central que les autres, d'aboutir directement à Alger, de parcourir des vallées et plateaux des plus salubres. Mais il a l'inconvénient, quoique passant près du Djebel-Amour et non loin d'Ouargla et du Mzab, de franchir des régions moins pourvues d'eau, aux oasis et populations plus clairsemées que par les deux autres tracés.

La question du maximum des rampes étant capitale, il s'agit de savoir s'il y a possibilité de concilier les trois derniers tracés, de concilier, avec le choix du tracé par l'O. Guir ou l'O. Mya, les deux conditions prépondérantes de faible pente et d'accès à Alger, qui est le chef-lieu et le plus beau port d'Algérie. Rien n'est plus facile, pourvu que l'on choisisse comme artère principale la route d'Alger à Boghar au sommet de l'Atlas. On prendrait le chenin de fer existant d'Alger à Oran jusqu'à Affreville. Là, on le continuerait d'Affreville à Boghar, en suivant le cours du Chélif, dont les gorges sont la seule coupure, la seule porte naturelle des produits des hauts plateaux. On utiliserait ainsi les faibles rampes du long de cette rivière pour remonter l'Atlas. Quant à la descente, pour l'effectuer suivant les règles ci-dessus, on diminuerait l'inclinaison des rampes en se rendant obliquement vers l'O. Guir ou l'O. Mya.

Si on choisit la voie de l'O. Mya, on quitte le tracé d'Alger, Affreville, Boghar et Laghouat au caravansérail d'Aïn-Oussera; on oblique vers l'est et on franchit en biais le faîte peu élevé qui sépare le bassin fermé des Zahrez de celui du Hodna; on aboutit à Bou-Saada au pied de la dernière chaîne de l'Atlas, et on ne rejoint la plaine qu'à Biskra en se maintenant sur les versants de l'Aurès. Cependant, tandis que par le tracé direct de Laghouat et de l'O. Lua il n'y a à racheter à la descente qu'une élévation de 500 mètres sur 80 kilomètres, ici — par le tracé oblique d'Aïn-Oussera à Biskra — il y aurait à racheter une élévation de 1,200 mètres sur une longueur de 80 kilomètres. D'où une pente de 15 millimètres. Mais, cet obstacle surmonté, plus de difficultés sérieuses; on suit la route des bas-fonds par Biskra, Touggourt, Ouargla; on suit la vallée de l'O. Mya jusqu'au faîte du Djebel-Tidikelt, qui a 435 mètres, et on arrive à In-Salah (Touat) où on rejoint la direction générale du tracé central Laghouat-O. Lua vers l'extrémité du Touat. Toute la route à peu près serait approvisionnée d'eau. A Biskra, on ferait un court embranchement sur Batna, Sétif, Constantine, Bône et Philippeville, qui sont sur le point d'être toutes ralliées à Alger par un chemin de fer parallèle au littoral.

Préfère-t-on opérer obliquement la descente de l'Atlas du côté de l'O. Guir, on oblique vers l'ouest dès l'issue supérieure des gorges du Chélif; on remonte la vallée de l'O. Moudjelin; on pénètre dans les chotts de la province d'Oran, près Tiaret; on laisse à sa gauche le chott de l'ouest, on longe celui de l'est et on aboutit sans grandes pentes ni difficultés sur la ligne de faîte. On en redescend vers l'O. Zaffroun en aménageant sa pente dans de bonnes limites. On passe près Fighig (Maroc), et on suit le Zaffroun, puis l'O. Guir jusqu'au bout du Touat. — Près du chott Cherguy, on ferait un embranchement allant des plateaux à Sidi-bel-Abbès, et se rattachant à la ligne du Tlélat à Oran. Ce tracé oblique de Boghar et de l'O. Guir n'offrirait pas de grandes difficultés d'exécution. Il serait à proximité du poste militaire de Géryville; il aurait cet avantage sur les deux autres directions, que sans attendre l'exécution préalable de la section des gorges du Chélif, on organiserait tout de suite les chantiers de construction du sud de l'Atlas au moyen du ravitaillement par Oran. Enfin, la ligne par Oran, O. Guir-Touat, n'aurait que 2,200 kilomètres, soit 200 de moins que les lignes Philippeville-Touat et Alger-Touat. Il est vrai que la ligne Alger-Boghar-O. Guir-Touat aurait 100 kilomètres de plus.

Quand on est à Taourirt, qui est la dernière oasis du Touat, on est à plus d'à moitié chemin d'Alger au Niger. Car, de Taourirt à Bamba, on ne compte que 900 à 1,000 kilomètres. En quittant Taourirt, on entre dans le Tanzerouft qui est une immense surface plane, sans végétation. Puis, le pays s'élève; il est moins aride; il y a de l'eau et des pâturages d'autant plus abondants que l'on se rapproche du Niger. D'après les renseignements de Largeau, les caravanes font le trajet de Taourirt à Bamba ou Tombouctou en 45 jours, soit 6 lieues par jour. Voici les étapes où les caravanes trouvent soit de l'eau, soit de la végétation herbacée. Elles arrivent:

Le 2e jour dans la vallée d'El-Had, qui porte le nom d'une plante de cette vallée;

Le 3e jour à Tockoumin, où il y a une source d'eau salée;

Le 5e jour dans la vallée de Thalah où l'on rencontre des acacias à gomme;

Le 6e jour dans l'O. Inrheled, O. mort, où l'on trouve des tamarins et de l'eau presque à la surface;

Le 7e jour à Tekdhelbatin où il y a aussi de l'eau, mais mauvaise;

Le 9e jour aux petits gours du Had où il y a des plantes;

Le 12e jour à El-Ziza; là sont de hautes

collines ; on y voit de la végétation, des plantes et 110 grands lacs ;

Le 19e jour à Anafls, où il y a un lac, de l'alfa et de la bonne eau ;

Le 21e jour dans la vallée d'El-Hachnich où il y a beaucoup d'herbes ;

Le 23e jour dans l'O. Infennal, O. mort, où l'eau est presque à la surface ;

Le 24e et 25e jour à Boughassa, puis à Houzzan où l'on trouve de l'eau en creusant avec la main ;

Le 28e jour à Takankat, on y voit une rivière à sec, des plantes et de l'eau en creusant avec la main ;

Le 29e jour à Tadjidaït, où il y a de grands arbres, des lions et des sources descendant de hautes montagnes ;

Le 30e jour à Tagenard, où est un oued mort ;

Le 33e jour à Asla, où est un puits d'eau amère ;

Le 34e jour à Mourhi, O. Mort, où on a de l'eau en creusant avec la main ;

Le 37e jour à Abdoquil, où un puits profond a 25 coudées avec de la bonne eau.

Le 38e jour à El-Thouil, où le puits a une profondeur de 60 coudées.

Les 39e, 40e, 41e et 42e jour à Embaksa, à Cherika, à Tintchoun et à Tinguilhsi où les puits sont profonds de 20, 30 et 40 coudées ;

Le 44e jour à Eymaria sur le Niger, où on rencontre beaucoup de grands arbres appelés talah ;

Et enfin le 45e jour à Tombouctou.

Il faut observer que dans cette partie du Sahara, comme dans d'autres, il y a réellement beaucoup plus d'eau que n'en indiquent les caravanes. Les sables du Sahara, en effet, ont le don de soustraire les eaux à l'action dévorante du soleil en remplaçant les rivières à ciel ouvert de nos climats par des rivières souterraines, appelées par les indigènes *des mers sous terre*. Les sables sont des éponges qui absorbent les eaux pluviales et fluviales et les conservent à l'abri de l'action solaire. Aussi, quand on veut creuser des puits au Sahara, généralement on trouve l'eau dès que la pioche du puisatier a traversé la couche de sable qui recouvre le sol primitif, généralement aussi elle est de bonne qualité. Mais les indigènes ont des moyens de forage et de coffrage des plus élémentaires, ce qui fait que les puits d'une part sont assez rares et d'autre part ont une profondeur qui ne dépasse guère 22 à 25 mètres. Les puits sont d'autant plus rares que les indigènes s'abstiennent par calcul d'en ouvrir et même s'empressent de les combler en maints endroits, dans l'intérêt de leur sécurité, sur des routes qui en étaient jadis abondamment pourvues ; c'est qu'ils ont peur que ces puits ne deviennent des lieux de station, des lieux de refuge pour les maraudeurs.

Nous ajouterons que le Trans-Saharien passerait à quelques lieues des Haggars occidentaux, que de nombreuses sources se fraient de ces montagnes un cours souterrain vers l'Ouest, qu'en perforant le sol à plus ou moins de profondeur on pourrait faire jaillir l'eau nécessaire pour alimenter des puits ou créer des oasis.

La traversée du Tanzerouft se ferait sur des terrains de niveau, et la voie y coûterait environ 20,000 fr. de plate-forme par kilomètre. La section du Tanzerouft à Bamba serait ouverte dans les mêmes conditions à peu près et reviendrait à 50 fr. au plus par mètre de plate-forme.

Il y aurait lieu de créer une dernière section aux deux extrémités du conde du Niger qui, sur 300 kilomètres entre Bourroum et Tombouctou, est barré par des écueils et des rapides. On disposerait ainsi sans obstacles du trafic du haut et du bas Niger. Mais la direction principale aboutirait à Bamba, qui est au milieu du coude du Niger. Il importe en effet de remarquer que Bamba n'est pas à quatre lieues du fleuve comme Tombouctou, il est sur le Niger même et est rapproché de Bourroum qui confine au Soudan oriental et domine le cours inférieur du Niger, lequel avec ses affluents de la rive gauche arrose l'Afrique centrale elle-même, les contrées les plus riches du Soudan.

Le Trans-Saharien français a des adversaires. Dans le principe, ils étaient d'autant plus nombreux qu'ils ignoraient complètement la question. Ils faisaient quelques objections en l'air. Aujourd'hui, ils sont assez rares. Parmi ceux-ci, les uns sont Prussiens ou appartiennent à quelque autre nationalité étrangère; leur opposition leur est dictée par un esprit de rivalité de nation à nation. Les autres sont Français; ils se taisent et se contentent, sauf une ou deux exceptions, d'agir dans l'ombre contre le projet; c'est qu'ils patronnent eux-mêmes d'autres entreprises pour lesquelles ils sollicitent l'opinion publique. Nous tenons à constater que, depuis que nous avons envoyé à l'impression les premiers feuillets de ce travail, la grande presse de Paris, les *Débats*, le *Rappel*, l'*Economiste*, etc., commence à emboucher la trompette en faveur du Trans-Saharien, et qu'il ne s'est pas encore produit une seule note discordante dans ce concert unanime d'éloges. Néanmoins, quelles étaient, quelles peuvent être les objections de nos adversaires? Une d'entre elles, qui n'est plus soutenue par un seul d'entre eux, c'est le climat.

Or, les explorateurs ont établi que la température au Sahara n'est pas en moyenne plus élevée que dans les autres contrées tropicales. — « Le thermomètre, dit M. Rohlfs, monte au moins aussi haut dans la vallée supérieure du Nil que dans le désert central, et cela n'a jamais entravé l'exploitation du chemin de fer. Dans les pays chauds, on aménage les wagons en conséquence. » Les voyageurs ont même plus à souffrir du froid relatif des nuits que des chaleurs de la journée, quelque élevées qu'elles puissent être. Tout le désert, du reste, est très-sain, principalement dans les régions sèches et élevées, pourvu qu'on ait le soin de se garantir la tête de l'action trop directe des rayons du soleil. Les riverains du Sénégal, qui sont sujets aux accès de fièvres intermittentes, savent que pour se guérir ils n'ont qu'à monter dans le désert. La salubrité ne laisse à désirer que dans les parties basses où les eaux n'ont pas d'écoulement; on y remédie sûrement par des plantations d'eucalyptus.

En admettant même que les chaleurs fussent plus accablantes qu'elles ne le sont, cette incommodité serait un argument peu sérieux. Car, en définitive, de quoi s'agit-il pour le Trans-Saharien ? De franchir en 48 heures, au lieu de 120 jours que mettent les caravanes, une distance de 600 lieues, de la franchir dans des compartiments ventilés, clos ou ouverts suivant le temps et les lieux traversés. Un voyage sur le Trans-Saharien en été sera certes beaucoup moins long, moins incommode et moins fatigant qu'un voyage en hiver, sur le Trans-continental, à travers les déserts de neige et la bise de givre des hauts plateaux américains. Dans le cas où l'excès des chaleurs estivales viendrait à occasionner une gêne sérieuse, il n'y aurait qu'à faire stationner les trains, pendant les heures les plus chaudes des jours d'été, dans des oasis choisies et aménagées *ad hoc*.

Pour être complet, rappelons que les Romains en Afrique avaient obtenu des résultats aussi brillants que dans les déserts de Syrie où ils étaient parvenus à élever des cités gigantesques, avec Palmyre pour capitale. Ils firent de l'Afrique septentrionale le grenier de Rome. Ils y fondèrent des villes nombreuses et peuplées depuis la Méditerranée jusqu'au Niger et autour des Haggars, comme en témoignent les noms et les images des nations, des villes soumises de ces pays que leur vainqueur Cornélius Balbus fit porter à son triomphe en l'an 44 de Jésus-Christ. Ghadamès, Rhat, Aghadès, Essouk, Ouargla furent alors des cités de 25 à 200,000 âmes. Les Romains, ne connaissant pas le chameau, sillonnèrent le pays de routes carrossales, ils pourvurent ces routes d'eau à distances rapprochées; ils les ombragèrent d'arbres touffus, aux branches entrelacées en dômes, impénétrables à la chaleur et à la lumière ; ils y exécutaient leurs transports avec des chariots et des bisons (bœufs à bosse). — Les Marocains, eux aussi, devinrent plus tard les maîtres du Sahara. Tombouctou fut une de leurs préfectures. Pendant des siècles, les troupes marocaines traversèrent le Sahara du Maroc à Tombouctou et plus loin, soit pour la conquête du cours supérieur et inférieur du Niger, soit pour le ravitaillement de leurs postes fortifiés, soit pour défendre leurs conquêtes contre les invasions et les révoltes. Eh bien! ce qu'ont fait les Romains avec leurs routes et leurs bisons, ce qu'ont fait les Marocains avec leurs chameaux sous le climat du Sahara, — les Français sont en mesure de le faire, avec de tout autre facilités, au moyen d'un chemin de fer et en plein épanouissement des conquêtes scientifiques du XIXe siècle. Ils peuvent faire, sous le climat du Sahara et du Soudan, des voies ferrées comme les autres peuples en font sous les climats analogues de l'Egypte, des Indes, du Brésil et des Antilles.

Le manque d'eau est une autre objection. C'est que les opposants ignorent que l'approvisionnement d'un chemin de fer ne demande pas beaucoup d'eau et que la question d'amener la quantité d'eau voulue n'est qu'une question d'élévation et d'adduction, une question de distance du transport de l'eau sur le lieu de son emploi ; pure question d'argent plus ou moins importante. Mettons les points sur les *i*. Qu'exige d'eau le service d'un chemin de fer de 2,000 kilomètres, calculé à raison de trois trains par jour en chaque sens ? La pratique répond 4,000 mètres cubes en 24 heures. En effet, les 6 trains du Trans-Saharien parcourant 12,000 kilomètres par jour, à raison de 30 kilomètres par heure, feraient 400 heures de marche. D'autre part, les plus fortes locomotives dépensent 5 mètres cubes d'eau par heure. Les 6 trains du Trans-Saharien dépenseraient donc par jour 2,000 mètres cubes d'eau. Mais à ces 2,000 mètres cubes, nous en ajouterons généreusement 2,000 autres pour tenir compte de toutes les causes de consommation ou de perte d'eau en dehors de la traction effectuée. Nous étions donc autorisé à dire qu'il suffirait par jour de 4,000 mètres cubes d'eau. C'est à peine ce qu'exige aujourd'hui le service d'une sous-préfecture de 15,000 âmes.

Mais comment se procurera-t-on ces 4,000 mètres cubes d'eau ? Supposons d'abord qu'il n'y ait aucunes ressources locales à espérer entre le point de départ et le point d'arrivée et qu'il y aura nécessité de puiser de l'eau aux deux extrémités opposées. Eh bien ! dans cette supposition insensée, il ne s'agirait en fait que d'une dépense de premier établissement, montant à 50 millions avec frais annuels de 400,000 francs pour entretenir le fonctionnement des machines. Ces 50 millions représenteraient 25,000 par kilomètre ; c'est ce que coûte à nos lignes françaises l'achat de leurs terrains. La dépense de ces 50 millions consisterait : 1° en une conduite de refoulement continue, ayant un diamètre de 20 centimètres au maximum, qui décroîtrait en se rapprochant du centre ; 2° en une quarantaine de relais de machines élévatoires qui refouleraient l'eau successivement dans des réservoirs échelonnés à 50 kilomètres l'un de l'autre.

Mettons-nous maintenant dans la réalité des choses. Il est certain que, sans être complètes, les ressources locales en eau seront nombreuses sur tout le parcours. Quel est en effet le régime des eaux du Sahara ? Il y a d'abord les *eaux superficielles*, à ciel ouvert, du versant sud de l'Atlas, des versants nord et ouest des Haggars, et du fond des vallées sahariennes où les terrains imperméables les font refluer avec toutes les facilités d'aménagement. — Il y a aussi les *filtrations de rivières*, qui se perdent dans les graviers de cours d'eau desséchés où elles se maintiennent à l'abri de toute évaporation et peuvent par suite être retrouvées à l'état d'eaux souterraines sur de grandes longueurs. Par exemple, la nappe d'eau de l'O. Mézy a, près Laghouat, une puissance de 1,000 litres sur lesquels l'oasis en recueille à peine 50. D'autres nappes d'eau viennent de l'Atlas, du Tidikelt, des Haggars, pour aboutir soit à l'O. Guir, soit à l'Igharghar ou bien dans les bas-fonds intermédiaires. — Il y a en troisième lieu les *nappes artésiennes*, contenues à des profondeurs variables entre deux couches de terrain imperméables et que les coups de sonde font jaillir. — Il y a enfin les *eaux sous dunes*, que les dunes préservent de l'évaporation et qui vont alimenter à l'aval de puissantes galeries de drainage, telles que celles du Touat.

Le colonel Colonieu estime qu'il n'existe pas au Sahara des distances de plus de douze lieues où on ne puisse trouver de l'eau par des sondages. Nous ne croyons pas que le colonel Colonieu soit trop optimiste. Mais, en l'admettant, on ne peut nier que les ressources locales permettront de restreindre à de faibles étendues les parties du chemin de fer que l'on devra approvisionner d'eau par des conduites d'adduction ou de refoulement.

Cette objection n'a non plus aucune

valeur aux yeux de M. Rohlfs. Il y répond ainsi : « Il n'y a qu'à bien choisir sa route. Il faut prendre pour la locomotives celle que suivent les caravanes. Il y a, il est vrai, entre Touat et Tombouctou un désert de 280 kilomètres sans la moindre source, où il paraît difficile de creuser des fontaines. Mais, quand on pense qu'on peut parcourir plus de 100 kilomètres sans que la machine ait besoin de prendre de l'eau, il ne semble pas douteux qu'on ne parvienne à surmonter cette difficulté. Lorsque le chemin de fer du Caire à Suez traversait le désert, on avait construit des wagons en fer qu'on remplissait d'eau et qu'on espaçait le long de la voie pour alimenter la locomotive. »

Une autre objection concerne les dunes et sables mouvants. Or, les dunes recouvrent à peine le 9e du Sahara et le restant du désert est caractérisé par un sol dur et résistant, tantôt rocheux et dénudé, tantôt terreux et recouvert d'une maigre végétation. N'est-ce pas d'ailleurs là la signification qu'a Sahara en langue arabe? Les dunes sont cantonnées dans quelques régions parfaitement déterminées et on peut traverser tout le Sahara en évitant tout à fait leur région. — Sur les tracés étudiés plus haut, il y en a fort peu. Là où on en trouvera, on construira quelques kilomètres de parasables qui ne seront du reste indispensables que sur quelques parties du parcours de ces dunes, sur les parties plus particulièrement exposées à l'invasion des sables mouvants, à la traversée des cordons saillants. La construction de ces voûtes parasables sera un jeu auprès des tunnels que les Américains ont établis sur le Trans-continental contre les avalanches. L'éminent prussien, M. Rohlfs, fait ainsi justice de cette objection : « Les dunes de sables ne sont pas un obstacle sérieux. On construit aux Etats-Unis des digues de 60 kilomètres pour retenir les neiges. On en fera autant des sables mouvants. De même qu'on a des chasse-neige avec les locomotives, dans l'Amérique du Nord, on aura des appareils pour empêcher les rails d'être submergé sous les sables, lorsque soufflera le simoun. »

L'illustre explorateur allemand, Nachtigal, nous a objecté au Congrès interna-
tional de Géographie de 1878, que [le] seul chemin de fer africain ayant [le] Soudan pour objectif, qui soit possibl[e] c'est un chemin de fer du delta du Nig[er] au lac Tchad par le Bénéoué, parce qu[e] la distance entre le Tchad et l'embouchu[re] du Niger est moins grande qu'entre Alg[er] et Bamba. — Il y a en effet une certai[ne] différence de distance. Nous nous som[mes] cependant permis de répondre [à] M. Nachtigal : 1° que les Anglais et l[es] Français ont souvent tenté des expédi[ti]ons soit au Sénégal, soit sur le Nig[er] et que l'insalubrité des côtes en génér[al] les avait toujours fait avorter ; 2° qu[e] faudrait tout un voyage maritime, ex[i]geant presque un capital en dépens[es] pour aller prendre le train à Bénin [ou] toute autre ville, tête de ligne du chem[in] de fer de l'embouchure du Niger à Kou[ka] sur le Tchad.

Une autre objection de M. Nachtiga[l] c'est que l'on n'aurait pas de charbon pou[r] alimenter les locomotives du Trans-Sah[a]rien. Nous ne savons si l'on trouvera de [la] houille dans les Haggars ou dans l'Atla[s]. La question de la houille nous sembl[e] facile à résoudre. Les Anglais n'ont-il[s] pas pour leurs vaisseaux des dépôts d[e] houille tout le long de la route qu'i[ls] suivent pour aller aux Indes ou autr[es] colonies? A plus forte raison, pourrait-o[n] en établir le long de la modeste étendu[e] de 600 lieues qui sépare Bamba d'Alge[r]. C'est ici le cas de reproduire, à titre d[e] curiosité, quelques lignes d'un travail d[e] M. Rohlfs sur le chemin de fer de Tripo[li] au Soudan : « On n'est pas éloigné d[e] l'idée d'aider au chauffage de la locomoti[ve] au moyen de fortes lentilles. Sous ce ci[el] constamment sans nuages, où les rayon[s] solaires ont tant de puissance, on n'a pa[s] donné jusqu'ici assez d'attention à c[e] moyen d'obtenir de la chaleur. Au siècl[e] passé, en France, on arriva à fondre d[u] platine avec des lentilles *ad hoc*. On arri[ve]rait aujourd'hui à s'en servir pour l[a] cuisson des aliments, pour la distillatio[n] de l'eau, pour l'élévation des eaux sou[s]terraines à la surface du sol qu'elles fer[]tiliseraient et dont elles centupleraien[t] l'étendue cultivable. — Pour les locomo[]tives, il y aura certainement à teni[r] compte du mouvement apparent du soleil celui de la locomotive, des inflexions la voie. Mais on est bien arrivé à contrer d'une façon constante la chaleur aire sur un même point, malgré le uvement diurne ; la science de nos urs a des moyens suffisants pour venir bout de ces quelques difficultés. »

On a beaucoup parlé de l'hostilité qu'on ncontrerait parmi les populations et rtout chez les Touaregs. C'est même la SEULE objection qui soit sérieuse aux ux de M. Rohlfs, notre principal contradicteur et partisan du chemin de fer ussien de Tripoli au Soudan.

Faisons donc la description exacte des uples du Sahara et du Soudan. Il y au Touat 400,000 habitants ; ils sont s sédentaires ; ils cultivent la datte et çoivent en échange des céréales, de la ne et de la viande des plateaux de tlas ; ils sont forcément tributaires de s plateaux pour ne pas mourir de faim. centralisent entre leurs mains tout le mmerce du Sahara. C'est chez eux que rganisent, se croisent et se bifurquent majeure partie des caravanes qui commercent entre la Méditerranée et le Sou. Ils forment une confédération de villages, indépendants entr'eux au nt de vue politique. — Les pouvoirs et partis y sont divisés à l'infini ; sans , le Touat serait dix fois plus riche et peuplé. Il a même un trop plein de ulations qui, manquant de subsistan, émigrent à Tombouctou, en Algérie, Maroc, au Tunis ou au Tripoli. Sous rapport religieux, les Touatiens dépent du marabout de Tombouctou et du verain religieux du Maroc. Ils ont mis r commerce sous la protection des aregs. Il n'y aurait rien à redouter habitants du Touat, d'autant plus que voie ferrée réduirait des 9[10 les frais transport de leurs objets d'échange. même que, dans le Sahara algérien, Mzab, les oasis du Souf et du Liban réclamé notre protection et accepté ntanément notre suzeraineté dans l'int de leur sécurité intérieure ; de même Touat, les marchands du Touat ambineraient notre protection, car la voie ée décuplerait leur prospérité dans nir. Au cas où des fanatiques puérils r communiqueraient des velléités

hostiles, une ou deux escouades et quelques coups de canon suffiraient pour les apaiser. N'a-t-on pas vu en effet ces années-ci une ville de 6000 âmes, comme Ghadamès, incapable d'essayer de la résistance aux incursions de 7 à 8 mauvais sujets des Haggars? Notre intervention armée se réduirait donc à une simple démonstration de nos forces.

Quant aux Touaregs, ils habitent les montagnes des Haggars. Ils ne sont que 50,000. Ils sont divisés en quatre confédérations indépendantes : du Nord-Ouest, de l'Aïr, de l'Est et du Sud-Ouest ; ces derniers, les Aouëlimmidens, sont maîtres de Tombouctou. Ils se subdivisent en une cinquantaine de tribus non moins indépendantes. Chacune des tribus se répartit entre quatre castes : les *nobles* qui vivent du produit des terres cultivées par leurs *serfs* et du double tribut que leur paient les *mixtes* et .es caravanes ; ils sont nomades et parcourent sans cesse le Sahara sur leurs maharis ou chameaux de course ; ils protégent le commerce Trans-Saharien sur une étendue de 100 millions d'hectares : les *serfs* ou colons habitent des villages au voisinage des sources ; les tribus *mixtes* vivent dans une demi - indépendance et dans le rayon d'action des tribus nobles ; les *marabouts*, nobles religieux, se sont réservé l'autorité morale et religieuse et vivent dans des zaouias ou établissements sédentaires d'instruction religieuse.

Les nobles Touaregs, malgré leur tout petit nombre, exercent, grâce à leur métier guerrier, une domination suzeraine sur tous les alentours des Haggars, sur les marchands ou agriculteurs paisibles du Touat, des frontières de Tripoli, de l'Aïr, du Soudan et du Niger, sur les centres commerciaux d'In-Salah, de Ghadamès, de Rhat, d'Aghadès, de Tombouctou qui leur servent de lieux de ravitaillement et d'entrepôt. Leurs tribus peuvent à peine mettre sous les armes de une à plusieurs douzaines d'hommes chacune. Ils sont de race berbère et ne tolèrent pas les Arabes sur leur territoire.

Les explorateurs français les représentent comme des types de loyauté chevaleresque et de mœurs patriarcales, n'agis

sant de violence vis-à-vis des voyageurs
que lorsqu'ils y sont impérieusement
poussés dans les années de famine, d'extrême sécheresse, par leur misère et celle
de leurs familles. Il est même d'habitude
dans les caravanes de laisser en certaines
régions, le long de la route, des ballots,
des marchandises dont elles sont surchar-
gées et qu'elles sont certaines de retrou-
ver à leur retour.

Les Touaregs méprisent l'usage du
fusil et se servent exclusivement de
l'arme blanche. Leur influence sur tout
le pourtour des Haggars provient de la
pusillanimité extrême des populations
sédentaires, pusillanimité dont nous avons
cité un exemple plus haut.

Sous le rapport des populations, toute
la supériorité est donc encore pour le
Trans-Saharien contre le Trans-continental. On ne peut nier que les Touaregs
forment une peuplade bien moins nom-
breuse que les Peaux-Rouges qui ont com-
battu les Américains sur le parcours du
Trans-continental. En admettant qu'ils
vinssent à concevoir les mêmes ressen-
timents contre les Européens, ils ne
seraient nullement à redouter à cause des
conditions locales qui les mettraient à
notre merci. Ils seraient en effet obligés
de venir se ravitailler, s'approvisionner
dans les oasis occupées par nos armes ;
ce serait là pour eux une question d'alimentation et d'existence. Ils compren-
dront du reste que notre amitié, leur
concours leur assureront régulièrement
l'aisance et le bien-être, les enrichiront
plus promptement que leur précaire métier de convoyeurs de caravanes. Il y aura
lieu de chercher à les organiser en corps
de troupes indigènes et à les employer tant
à la garde de la voie ferrée qu'à la garde
des postes militaires du pays des noirs,
concurremment avec les troupes indigènes
d'Algérie.

M. Rohlfs, l'un des auteurs de cette
objection, la formule ainsi : « La France
ne peut songer à ce chemin de fer que si
Touat, Fighig et l'O. Guir sont en sa possession ; si le Tafilet et Drea sont complétement sûrs ou tout au moins indépendants ; si elle a la garantie que des Haggars on ne viendra pas détruire la voie :
sinon, il vaut mieux chercher une autre

région, (celle des Prussiens) pour construire le chemin de fer.» L'unique objection de M. Rohlfs est, en vérité, puérile
Elle se retourne d'ailleurs mieux encor
contre le projet prussien, puisque M.
Rohlfs demande l'acquisition du Tripo-
par une société internationale qu'il pro-
pose de fonder pour son chemin de fer d
Tripoli au Tchad.

Restent les populations du Soudan, à
travers lesquelles passerait plus tard l
Trans-Saharien, quand le moment ser
venu de combiner deux embranchement
l'un de Bourroum au Tchad, l'autre d
Tombouctou à St-Louis (Sénégal). Elle
sont au nombre de 60 à 80 millions d'ha
bitants. Elles sont à demi-civilisées e
s'adonnent avec succès à l'agricultur
Elles ont de grandes villes et de riche
plantations. Les campagnes des villes d
l'Haoussa ressemblent à celles des plu
belles provinces de l'Angleterre. Sur le
rives du Bénéoué, les grandes villes s
succèdent de trois en trois lieues, reliée
par une longue suite de hameaux.

Sans l'esclavage et la chasse à l'homm
qui les déciment, ces populations seraie
plus nombreuses que celles de l'Ind
Leur chiffre actuel correspond à l'ét
social d'une contrée dévastée par l
guerre en permanence. Avec la sécuri
et l'abolition de l'esclavage, il monter
rapidement à plus de cent millions par s
seules ressources naturelles. Avec l'am
nagement des eaux et l'irrigation, av
des voies de transport analogues à c
qu'exécutent les Anglais aux Indes,
s'élèverait aisément à 200 et 300 mi
lions. On compte que 50,000 esclaves so
envoyés par an du Soudan en Egypte,
Tripoli, à Tunis, au Maroc ; ces esclav
portent avec leur propre marchandise h
maine les marchandises du Soudan ; c'e
ainsi qu'on leur fait traverser le Sahar
Arrivés sur les bords de la Méditerr
née, on les troque, eux et leurs marcha
dises, pour les marchandises anglaises d
Gibraltar et de Malte. La traite dépeup
tous les ans le Soudan, non-seulement d
ces 50,000 esclaves, mais de plusieu
centaines de milliers d'autres noirs q
meurent de misère, de faim et sous l
armes des chasseurs d'esclaves ou qu'e
empêche de naître.

La traite supprimée, les noirs envahi-
ient et peupleraient à la longue le
hara dont ils ont été jadis refoulés
rs le Soudan. On ne saurait trop répé-
r, en effet, que ce sont les guerres et
urs dévastations, que c'est le déboise-
ent radical, un saccage furieux de tous
s bois qui ont fait du Sahara un désert.
lus l'on remonte dans les siècles passés,
lus l'on voit par l'histoire -- dans les
tails de laquelle nous ne voulons pas
trer ici, — que le Sahara était dans
autres conditions forestière, végétale,
viale et de population que celles d'au-
rd'hui. Il y avait même des crocodiles
puis la source de l'Igharghar jusqu'à
n embouchure, et il en reste encore
ns les lacs des Haggars, là ou les fleuves
leurs sources ne sont pas desséchés. Le
hara a perdu successivement la situa-
on relativement brillante, qu'il avait il y
deux mille ans sous l'influence d'une civi-
sation nègre très-avancée, puis du temps
s Pharaons d'Egypte, — il l'a perdue
ccessivement sous la domination des
aramantes qui traversaient ces régions
chariots, sous celle des Carthaginois
i employaient des éléphants, sous celle
s Romains qui se servaient des bisons,
us celle des Vandales, au moyen-âge
us l'empire nègre de Shonray, à une
oque plus récente sous la conquête
arocaine, et enfin sous la conquête
usulmane.

Le nègre, de sa nature, est gai, affable,
mant la vie de famille, prévenant pour
étrangers, très-apte aux travaux de
griculture tropicale. Il nous acclame-
it comme des libérateurs. Car, actuel-
ent, les subdivisions du Soudan ne
t que des empires féodaux dans les-
els le souverain n'a qu'une suzerai-
té fort contestée de grands vassaux
usulmans-foulbanes. Au milieu de ces
ssaux sont disséminées des populations
res idolâtres, retranchées dans les
is, à l'état de révolte ou de guerre
verte, dont la soumission est le pré-
te habituel des grandes chasses à l'es-
ve qui s'exécutent annuellement quand
nt le moment de régler le compte des
ravanes barbaresques.

Les noirs ont en horreur le culte mu-
lman qui consacre leur servitude comme
un dogme, et dont les austérités physiques
et les pratiques minutieuses répugnent à
leur nature sensuelle et expansive.

Peuples enfants, ils ne réclameraient
de nous, en retour de leur soumission
passive, qu'une paternelle et bienveil-
lante protection, que la simple garantie
de l'ordre, que la paix, la sécurité et la
liberté de leur travail.

Le programme de notre colonisation ne
pourrait pas être de nous substituer aux
travailleurs indigènes. Nous aurions à
imiter les Anglais qui, aux Indes, sont à
peine 50,000 et s'y enrichissent sans s'y
expatrier, sachant parfaitement que c'est
le fait d'une politique extravagante de
vouloir acclimater à tout jamais des Européens sous des climats qui ne sont pas
les leurs, que ce soient ceux du Sénégal,
des Indes, des Guyanes, du Soudan ou
même d'Algérie. Ici, grâce au Trans-
Saharien, un commerçant de Marseille
pourrait aller visiter ses comptoirs du
Niger et du Soudan, et rentrer chez lui
en une semaine, en moins de temps qu'il
n'en mettait autrefois pour aller à
Paris.

Pour que nous devenions les maîtres
incontestés du Soudan, il suffirait que
nous eussions des postes fortifiés de troupes indigènes algériennes ou Touaregs,
à Bourroum, Bamba et Tombouctou, sur
le coude du Niger, que l'on reliât ces
trois postes entr'eux et à l'Algérie par un
chemin de fer. Ainsi maîtres des cours
supérieur et inférieur du Niger, nous
ferions naviguer nos flottilles de bateaux
à vapeur depuis les sources du Niger qui
touchent celles du Sénégal jusqu'à celles
du Bénéoué (affluent du Niger), qui sont
entre le Tchad et le coude du Congo.

Une dernière objection, c'est le défaut
de trafic. Nous avons déjà établi que le
profit minimum donnerait au Trans-Saharien le trafic :

1o de 100,000 tonnes d'alfa que produisent 7 millions d'hectares sur les
hauts plateaux algériens ;

2o de 100,000 tonnes de céréales pour
l'alimentation du Touat, et de 20,000 tonnes de dattes qui sont la monnaie d'é-
change des Touatiens ;

3o de 100,000 tonnes de sel pour l'alimentation du Soudan ;

4° de 100,000 tonnes au moins de denrées coloniales qui, sur un parcours de 2,500 kilomètres, à raison de 3 et 10 centimes par kilomètre et par tonne suivant les denrées transportées, donneraient 12 millions de revenu.

Nous avons évalué ce rendement minimum à 52 millions. Il serait assurément dépassé dans le présent et dans l'avenir. Nous ajouterons, par exemple, près de 7 millions rapportés par le transport de voyageurs civils ou militaires.

Nous ajouterons, en second lieu, 8 millions pour l'exportation au Soudan, de 30,000 tonnes d'objets manufacturés et produits divers de France et d'Europe, à raison de 10 centimes par tonne et par kilomètre, sur 2,300 kilomètres.

Nous ajouterons 5 millions pour l'approvisionnement des établissements militaires de l'Algérie, du Soudan et du Sahara, à raison de 30,000 tonnes et de 10 centimes par tonne et par kilomètre, sur un parcours de 2,100 kilomètres en moyenne.

Tout cela constitue un nouveau total de 20 millions minimum, lequel additionné au précédent total de 52 millions, nous donne 72 millions, somme qui, entre parenthèse, est précisément égale à ce qu'a rapporté dès la première année le Trans-Continental, qui a coûté le triple de ce que coûterait à construire le Trans-Saharien.

Certes, on ne peut nier qu'il y aurait d'autres éléments de trafic. Le Soudan et le Sahara ont des ressources minéralogiques. Nous ne savons si on parviendra à exploiter des bassins houillers dans les montagnes du Niger et des Haggars. Mais il est positif que ce qui caractérise la Nigritie, c'est l'abondance des terrains aurifères. Les lavages de sables de rivières effectués dans le Bourré, le Bambouck et l'Ashanti ont indiqué dans les gisements un degré de richesse supérieur à ce qu'ont offert, au début de leur exploitation, la Californie et l'Australie. Mais les fatigues, les dangers d'un long voyage maritime, le séjour dans des localités pestilentielles, ont rendu et rendent l'accès, toute exploitation de ces mines impossibles. Les mineurs, les ingénieurs meurent avant d'arriver sur les lieux des gisements. Il

n'est donc possible de s'y rendre et de l'exploiter que par les plateaux salubr[...] du Sahara, qu'au moyen d'un trajet [...] quelques heures en chemin de fer.

L'arbre à beurre serait pour le Tran[...] Saharien une mamelle, une mine d'[...] plus féconde sans doute que les mine[...] Bourré, bien que celles-ci approvisio[...] nent d'or la moitié de l'Afrique, à [...] point que l'or y a moins de valeur q[...] l'argent. L'arbre à beurre forme sur [...] 200 millions d'hectares du Soudan ma[...] time, et les 400 millions d'hectares [...] Soudan Central, des forêts continues [...] Caillé a suivies durant 200 lieues. Mun[...] Park en appréciait le beurre autant [...] celui de vache, Ce beurre pourrait d[...] être transporté à pleins wagons sur [...] marchés européens.

Le Soudan, comme l'Inde, est dév[...] par des disettes périodiques qui son[...] résultat des sécheresses. De même qu[...] Europe les chemins de fer ont mis fin [...] disettes, de même qu'aux Indes ils s[...] destinés à produire le même résultat, [...] ainsi la voie ferrée trans-saharienne p[...] servera de la famine les populations d'[...] gérie, du Sahara et des Soudans. [...] écoulera aussi l'excédant de leurs prod[...] agricoles, par exemple de leur bé[...] quand la sécheresse de l'année ne p[...] mettra pas de le nourrir et de s'en [...] barrasser même à vil prix dans [...] contrée. De là, nouveaux transports ré[...] nérateurs pour la Compagnie du Tra[...] Saharien.

Les noirs s'adonnent déjà, dans une [...] taine mesure, aux irrigations. Le cont[...] de la civilisation européenne aura p[...] effet d'étendre davantage l'arrosem[...] des terres, de donner naissance à des [...] vaux publics qui multiplieront l'éten[...] du sol irrigué et la production agric[...] C'est du reste ce que font les Anglais [...] Indes au grand profit de leur budget, [...] Indiens et des chemins de fer des Ind[...]

La même chose aura lieu tôt ou t[...] pour le Soudan et le Trans-Saharien.[...]

Le Sahara lui-même sera la sour[...] pour le Trans Saharien, d'un trafic app[...] ciable et dans le présent et dans l'ave[...] A ce sujet, quelques renseignements s[...] nécessaires sur la végétation du Sah[...] C'est la siccité habituelle de l'atmosph[...]

provenant du défaut de bois et forêts, qui nuit au développement de la végétation dans le Sahara, en entraînant la siccité du sol. Ce n'est donc pas la nature du terrain qui a fait et fait le désert. Avec un régime de pluies régulières, on a dit à juste titre qu'il serait aussi verdoyant que la Normandie, — de même que celle-ci, avec le climat du Sahara, serait aussi aride que le désert. Divers végétaux s'accommodent de ce climat, en dehors de ceux qui germent de toutes parts sur le sol fertile à la suite d'un orage accidentel. Le *Ritib* est un genêt qui a un feuillage long et flexible. Le *Hatab* est une sorte de salsolée. Le *Chiah* est de la famille des labiées. Une graminée, l'*Alfa*, tient le milieu entre l'herbe et le jonc; elle croît en touffes, et particulièrement sur les hauts plateaux. Le *Focca* est une légumineuse cultivée au Touat et au Fezzan, comme plante fourragère pour les chevaux et les moutons. *On la fauche tous les vingt jours* Elle mériterait d'être acclimatée dans le midi de la France où elle occasionnerait une révolution agricole. Le *Drin* apparaît partout au Sahara, partout où il reste un peu de terre végétale sur le sol; son chaume nourrit les troupeaux et son grain les indigènes; c'est la plante qui convient le mieux à ce climat. — On voit encore au Sahara l'amandier, la vigne, l'oranger, le cotonnier, l'abricotier, le navet, le chou, le cognassier, le concombre, le melon, le pois, la luzerne, le millet, le sorbet, la pazèque, la carotte, le senhra, le figuier, le sorgho, le ch'aïr, le blé, la tomate, le tabac, le henné des chameaux, etc., etc. Le *Jujubier* préfère les vallées sèches (dayas). Il a un feuillage épineux, vert clair. Il sert de combustible aux indigènes et de clôture pour leurs habitations, pour leurs parcs de bestiaux. Ses fourrés épais constituent un abri à l'ombre duquel germe et croît un arbre de haute futaie, le *bétoum*. Celui-ci est une sorte de pistachier sauvage qui acquiert un développement considérable. Ses racines puissantes détruisent complètement les broussailles qui ont protégé sa naissance. A ce moment, les animaux ne peuvent en brouter les jeunes pousses qu'à une hauteur limitée naturellement par celle du cou des chameaux. Taillé horizontalement à ce niveau, le bétoum s'élève comme un magnifique parasol de verdure impénétrable aux rayons du soleil. Il est disséminé par groupes de 12 à 15 pieds dans chaque daya. Il donne de la résine et un fruit acidulé très-alimentaire. Les Arabes et les Français font une destruction idiote de cet arbre unique du désert, sans songer à l'en reboiser. Une administration intelligente et dévouée devrait consacrer tous ses efforts à en peupler tout le Sahara; on arriverait ainsi à la longue à le faire revenir à la situation forestière, végétale, climatérique, hydrographique et de population qu'il avait au temps de sa vieille civilisation nègre d'il y a deux mille ans. D'autres espèces forestières ne sont pas plus incompatibles que le Bétoum avec le Sahara. L'*acacia Arabica* forme de nombreuses forêts à Ghadamès, Rhat, Mourzouck (où il y en a plus de 40 bois), dans les Haggars et au Touat. Il y en a une forêt de 30 kilomètres de longueur, au sud du Tunis. Cet acacia mesure 1 mètre de circonférence sur 3 mètres d'élévation. Il donne de la gomme. Il est indifférent sur l'altitude et la qualité du sol. Le docteur Cosson l'a recommandé à l'administration française pour reboiser les solitudes sahariennes. L'*Adjar* est un grand arbre commun dans les Haggars où on rencontre encore des forêts considérables de *thuya articulé*. Mais l'arbre le plus important chez les Touaregs, c'est le *tamarix éthel*; il y en a d'importantes forêts dans les bas-fonds de leurs vallées; son tronc unique mesure plusieurs mètres de hauteur, et 1 mètre 50 à 2 mètres de circonférence. Quant au *palmier*, on en compte 600,000 pieds à Biskra, 60,000 à Ghadamès, 60,000 à Rhat, 130,000 au Souf, 2,000,000 au Fezzan, 2,000,000 au Touat, 60,000 à Ouargla, une douzaine d'oasis dans les Haggars, etc., etc. Le nombre de ces palmiers pourrait s'accroître indéfiniment avec un peu d'effort, de travail et de dévouement pour la chose publique. Car la région des déserts est plus aride par le fait de l'homme que par l'abandon de la nature. A la moindre pluie, au Sahara, de vastes espaces, nus la veille, se transforment instantanément; en sept jours, il naît des pacages de la plus belle verdure qui peuvent nourrir les troupeaux. L'*Eucalyptus* a été largement propagé dans le Tell et le bassin de l'O. Rhir ; il transforme les contrées insalubres qu'il assainit. D'autres arbres d'Australie viendraient au Sahara aussi heureusement. Il y a en effet la plus grande similitude entre les régions désertes de l'Australie et celles du Sahara ; leurs pâturages sont à la même latitude et souffrent également de disette d'eau et de végétation. En multipliant les puits, on tirerait du Sahara le même parti que les Anglais des solitudes analogues de l'Australie. Le reboisement, combiné avec le jaillissement des eaux, centuplerait le nombre des troupeaux Sahariens. Quant aux oasis actuelles, le même système accroîtrait sans limite l'étendue des oasis arrosables, la quantité des dattes, et toutes autres productions. En d'autres termes, on pourrait faire dans tout le Sahara ce qui a été fait à Biskra. — Biskra a été transformée en oasis verdoyante, grâce au commandant Crouzet. Partout y poussent des gommiers, acacias, cyprès et dattiers, vivant témoignage de ce qu'on aurait dû faire avant lui, de ce qu'on peut faire partout au Sahara. A l'ombre du dattier algérien, la végétation asiatique et équatoriale s'y manifeste dans toute sa beauté et sa luxuriante splendeur. Les palmiers à Biskra dominent de toute leur hauteur des bambous, des gommiers, des ricins, des roseaux, des cannes à sucre, des cotonniers. De maigres filets d'eau ont suffi pour faire jaillir du sol des cultures et des plantations qui ont changé le pays au point qu'il rappelle les rives du Gange.

Bref, de même que l'ouverture du chemin de fer, de Bordeaux à Bayonne, a décuplé la valeur des landes de Gascogne, de même que le Transcontinental a centuplé la valeur des anciens déserts qu'il traverse, de même qu'en Australie, en Egypte et en tous autres pays, le passage d'un chemin de fer a produit et produira mathématiquement ce résultat, —de même le Trans-Saharien nous ferait assister au même spectacle dans le Sahara.

Il lui donnerait la sécurité et la liberté du travail, il y ferait circuler les idées et les procédés des pays civilisés, il le dé-

barrasserait de ses excédants de bétail en temps de sécheresse, il lui ferait accroître ses troupeaux de moutons et de chameaux.

Des régions septentrionales du Sahara pourraient rivaliser avec certaines steppes semblables de l'Australie pour la production du mouton.

Quant à la viande du chameau, elle est réputée dans les boucheries de Laghouat et ailleurs pour être plus abondante et meilleure que celle de bœuf. Nous pouvons dire, sans être taxé d'excentricité, qu'elle pourrait être exportée pour l'alimentation européenne.

Il pourrait enfin y avoir une autre sorte de trafic. Laghouat, avec l'âpreté relative de son climat, la grande altitude de son désert, le climat pur et sain de ses plateaux élevés, comporte tous les avantages voulus pour compléter Alger en tant que station hivernale, pour devenir une ville cosmopolite de luxe et de plaisir. Il offre sur la lisière du Sahara, à l'œil blasé des touristes, des aspects tout nouveaux de ciel, d'horizon, de climat que n'ont pas les localités européennes, enrichies par les colonies nomades de riches oisifs. La création à Laghouat de ravissantes promenades suffirait pour en faire un rendez-vous très fréquenté.

Il résulte de ces nouvelles explications que le Trans Saharien aurait d'autres recettes que les 72 millions déjà évalués. Nos adversaires, qui nous objectent le défaut de trafic, commettent donc une erreur... énorme. L'un d'eux, l'ingénieur Delessert, écrivait il y a trois ans que, pour une exploitation première, le Trans-Saharien devait être susceptible de fournir 2 à 300,000 tonnes de trafic. Nous croyons avoir démontré que ce chiffre serait plus que doublé dès l'ouverture du Trans-Saharien.

Nous avons dit que le Trans Saharien coûterait 400 millions, y compris l'embranchement de Bourroum à Tombouctou. Voici en effet les évaluations de M. Duponchel, ingénieur en chef des ponts et chaussées de l'Hérault :

354 kilomètres de plateforme pour terrassements et ouvrages d'art, d'Affroville à Boghar-Taguin-Laghouat, 42,290,000 francs.

1,010 kil. de Laghouat à Goléah-Bou-guemma-Taourirt, 45,000,000 fr.

900 kil. de Taourirt à Tanzerouft-Bamba, 32,000,000 fr.

300 kil. transversaux de Bourroum à Bamba-Tombouctou, 45,000,000 fr.

Approvisionnement d'eau de la 1re section, 2,000,000 fr.

Approvisionnement d'eau de la 2e section, 7,200,000 fr.

Approvisionnement d'eau de la 3e section, 9,000,000 f.

Approvisionnement d'eau de la 4e section. 2,000,000 fr.

2,574 kilomètres de voie simple, pose et ballast à 30,000 francs par kilomètre, 77,220,000 fr.

1,10e en sus pour double voie, raccordements, etc., 7,722,000 fr.

Parasables voûtés sur 40 kil. à 400 fr., 10,296,000 fr.

Bâtiments des stations et gares, 5,000,000 fr.

Intérêts du capital de construction pendant deux ans, 20,000,000 fr.

Télégraphes et autres appareils ; 2,574 kil. à 4,000 fr., 10,296,000 fr.

Docks et hangars, 5,000,000 fr.

Matériel roulant, à 15,000 fr. par kil., 30,610,000 fr.

Dépenses diverses et imprévues, 47,348,000 fr.

Tel est le résumé de toutes les évaluations faites sur chacun de ces chapitres par section et par section de section. Il est inutile que nous entrions dans une foule de détails techniques. *Non hic est locus.* Nous répéterons que ces chiffres sont mis au maximum, la prudence et la circonspection nous faisant un devoir de tomber dans l'exagération au point de vue de l'augmentation des dépenses comme au point de vue de la dépréciation des recettes.

Un partisan des chemins de fer économiques nous a confidentiellement observé que notre système de chemin de fer à faible pente serait beaucoup plus coûteux qu'un chemin de fer à fortes rampes et à faibles courbes qui suivrait les sinuosités du terrain. L'observation est juste. Mais dans le premier cas, les transports seraient infiniment plus fructueux et économiques, les recettes plus élevées.

L'exploitation de TOUS les produits de l'Afrique centrale n'est même possible qu'avec le chemin de fer à faibles pentes. Une économie de 100 millions, dans les frais de construction, serait donc une *faute lourde*, comme on dit au Palais, et tôt ou tard il faudrait en revenir à la construction d'une autre voie à faible pente, en remplacement de la voie économique — de construction — qui ne pourrait être définitive, mais que provisoire en vertu de ses transports dispendieux et anti-économiques.

A l'heure qu'il est, où doivent tendre tous les efforts de ceux qui s'intéressent à l'exécution immédiate du Trans-Saharien? A faire adopter un des tracés ci-dessus par l'administration supérieure. Ce sera là l'objet de nos conclusions pour aujourd'hui. Mais quand le tracé sera adopté, notre rôle ne sera pas terminé. Nous devrons sans trêve inciter l'administration supérieure :

1° A remplacer la reconnaissance préliminaire qu'a faite M. Duponchel d'Affreville à Laghouat par un avant-projet exact, soigneusement relevé sur le terrain, définitif ;

2° A continuer cette reconnaissance définitive de Laghouat au Touat, en adjoignant à l'ingénieur en chef un personnel de collaborateurs actifs et intelligents ;

3° A la pousser plus tard jusqu'au Niger, lorsque la première étape d'Alger au Touat aura déjà subi l'épreuve de quelques années d'exploitation.

D'après l'estimation du colonel Colonieu et du commandant de Laghouat, M. Flatters, cent hommes choisis peuvent parcourir en tous sens le désert de l'Atlas au Niger sans avoir à redouter un danger sérieux de la part des populations, pourvu qu'ils emportent avec eux tout leur approvisionnement d'armes et de vivres en quantité suffisante. Les conditions de la vie au désert ne permettraient pas du reste une escorte supérieure.

Dans ces conditions, une reconnaissance définitive jusqu'à Goléah, limite du Sahara algérien, demanderait un mois et 10,000 fr. de frais, celle jusqu'au Touat trois mois et 100,000 fr. de frais, celle jusqu'au Niger un an et 800,000 fr. de frais, plus les frais de la commission d'ingénieurs, d'opérateurs et de représentants des sciences naturelles que l'on adjoindrait à la commission des études techniques.

Le tracé choisi, les reconnaissances définitives opérées, quel sera le mode d'organisation des chantiers ? Il n'y aura pas lieu de procéder comme en France ; on ne fera pas approuver par le Conseil des ponts et chaussées un projet définitif et complet avec plans, profils et dessins d'ouvrages d'art.

Les détails d'exécution devront être laissés à l'initiative des ingénieurs qui opéreront sur place et feront tout marcher de front. Le rôle de l'administration supérieur se bornera donc à se prononcer sur la direction principale du tracé et l'organisation générale du service. Cette organisation générale du service aura quatre sections distinctes :

1° Le tracé de la route à suivre sera arrêté et jalonné par une escouade d'explorateurs-opérateurs, qui marcheront à quelques centaines de kilomètres en avant des premiers chantiers de construction et avec une escorte de soldats indigènes au besoin ;

2° En seconde ligne, viendront les chantiers de la voie provisoire. On y fera une pose rapide de rails pour la circulation des trains d'approvisionnement et de ravitaillement, qui s'avanceront chaque jour jusqu'à l'extrémité de la voie posée la veille ;

3° En troisième ligne, le gros des travailleurs substituera une voie définitive à la voie provisoire, exécutera les ouvrages d'art, ramènera l'inclinaison des rampes au minimum obligatoire, installera les stations, les machines et conduites d'approvisionnement d'eau, les appareils télégraphiques et autres accessoires d'une exploitation régulière ;

4° A l'arrière-garde seront les chantiers d'Algérie et même de France, où seront approvisionnés et préparés les matériaux de construction, mais de telle sorte qu'il n'y ait qu'à les mettre en place à leur arrivée sur les lieux.

Nous sommes arrivé au bout de notre tâche. Nous avons resserré, condensé dans le moins de mots possible les divers éléments de la question du Trans-Saharien.

De toutes les questions qui sont à l'ordre du jour des Sociétés et des Congrès de Géographie, c'est celle qui intéresse vraiment d'une façon directe et au suprême degré la grandeur, la puissance, l'avenir colonial de la France ; c'est celle dont l'exécution, la réalisation offre seule, sous tous les rapports, les plus grandes facilités.

Si nous voulons nous reconstituer un empire colonial, à la place de celui que nous avons perdu, nous ne pouvons songer à aller en créer un dans les bassins lointains du Tanganyika ni de l'Ogowé, encore moins aux bouts des mondes asiatique ou américain. Les explorations dans ces pays n'offrent guère qu'un intérêt de pure curiosité scientifique.

Regardons à nos pieds, regardons par les fenêtres méditerranéennes de la France, nous n'avons pour ainsi dire à faire que quelques pas et tendre la main pour planter notre drapeau sur les Indes Africaines, sur les vallées de l'O. Guir, de l'O. Mya, de l'O. Igharghar, du Niger, du Bénéoné et du Tchad.

L'Angleterre, les Etats-Unis, la Russie étendent et font prédominer leur influence, les uns en Asie, les autres en Amérique, en Océanie, en Afrique, dans l'Inde ou partout à la fois. A la France de les imiter, mais avec intelligence, à la France de se tailler à ses portes le plus vaste empire colonial qu'elle ait jamais pu rêver, le plus vaste et le plus bel empire colonial du monde, un empire colonial auquel l'avènement, le développement sans cesse croissant des voies ferrées pouvait seul lui permettre d'aspirer ; — à la France de s'avancer au cœur de l'Afrique par le Nord, tandis que le lion britannique s'y avance par bonds gigantesques, par le Sud, l'Orient et l'Occident ; — à elle aussi de l'entamer et d'y pénétrer de plus en plus jusqu'à ce que l'Angleterre et elle finissent par s'y rencontrer, comme la Russie et sa rivale au cœur de l'Asie.

Gravons-nous profondément dans l'esprit ces paroles que prononçait naguère le président de la société de géographie de Bordeaux: « L'Afrique, s'écriait-il, nous échappera comme les Indes nous ont échappé, si nous ne nous hâtons pas d'asseoir solidement notre domination

...ns le Nord-Ouest de l'Afrique, que nous tenons déjà à moitié par le Gabon, le Sénégal et l'Algérie ; notre avenir colonial sera perdu. » Il est certain, — car la civilisation, grâce aux chemins de fer, marche à pas de géants, — il est certain que dans trente ans l'Afrique sera sillonnée de chemins de fer, comme l'Amérique et l'Europe le sont actuellement, comme bientôt l'Asie elle même.

Il s'agit de savoir si c'est par la France que seront exploitées les richesses de l'Afrique centrale, si c'est elle qui y prend la première l'initiative de la construction des voies ferrées. Il est à craindre qu'elle ne soit devancée par l'Angleterre. Il saute aux yeux que cette insatiable puissance veut se tailler, en Afrique, un nouvel empire des Indes, immense, démésuré et gigantesque. Partout, partout, elle déborde. Elle campe à l'entrée et à la sortie de l'isthme de Suez, dans l'île de Chypre et dans la mer Rouge. Elle espère être avant peu la souveraine d'Egypte, de l'Egypte avec toute sa civilisation, de l'Egypte avec ses télégraphes et ses voies ferrées qu'elle pousse activement vers la mer Rouge et le Darfour, de l'Egypte qui est plus séparée du lac Tchad que par le Bornou et qui se prépare à étendre sa domination jusqu'aux sources du Nil, à 2 degrés au dessous de l'Equateur.

L'étendard britannique flotte sur le lac Victoria et sur le lac Maravi, et il germe dans la tête d'aucuns Anglais des projets de voie ferrée qui n'ambitionnent pas moins que de relier l'isthme de Suez au cap de Bonne-Espérance. L'Angleterre règne sur la côte orientale à Natal. Dans l'Afrique méridionale, ses railways serpentent tous les ans en plus grand nombre. Elle a planté son drapeau dans le golfe de Guinée, dans le Dahomey, sur la Côte d'Ivoire, sur la Côte des Esclaves, sur la Côte-d'Or, jusque dans le delta du Niger, jusque sur une langue de terre qui est au confluent du Niger et du Bénéoué. En vain tout le trafic du Soudan se fait-il en ce moment par Malte et Gibraltar, les Anglais se proposent de s'établir au Cap Bojador et d'entamer de ce point salubre l'Afrique saharienne, en établissant soit un chemin de fer, soit un canal maritime de Bojador au coude du Niger.

Si nous ne voulons pas que l'Afrique Nord-Ouest nous échappe, que notre avenir colonial soit perdu, nous n'avons qu'à nous hâter d'exécuter la modeste entreprise du Trans Saharien, qui serait si féconde en résultats, et qui ne serait en définitive que la prolongation du Paris-Lyon-Méditerranée. Nous disons modeste, car elle ne consiste que dans la construction d'un peu plus de 2,000 kilomètres de chemin de fer. Est-ce qu'il n'y a pas en ce moment 400,000 kilomètres de voies ferrées dans les deux mondes ? Est-ce que la France n'y a pas déjà dépensé plus de 10 milliards et ne se prépare pas à en dépenser autant ? Est-ce que le Trans-Continental n'en a pas 6,000 kilomètres ? Est-ce que les 4,300 kilomètres de Paris-Lyon-Marseille-Alger-Tombouctou ne constituent pas que les deux tiers de la distance de New-York à San-Francisco, que les 2/5 de la distance de Londres à Bombay ? Est-ce que le chemin de fer asiatique de MM. de Lesseps et Cotard n'en aurait pas 4,000, dont 800 à travers les plus hautes montagnes de l'Asie-Centrale ? Est-ce que l'Angleterre n'en a pas 20,000 dans les Indes, des milliers en Australie, en Afrique et en Amérique ? Est-ce que les voies de communication déjà ouvertes ou à ouvrir dans les deux mondes, est-ce que l'isthme de Suez, le tunnel de la Manche, le canal inter-océanique, les chemins de fer asiatiques n'étaient pas, ne sont pas des travaux gigantesques à construire en regard du Trans-Saharien.

Et qu'on le remarque bien, nous ne demandons même pas que l'on exécute immédiatement le chemin de fer depuis Affreville jusqu'au coude du Niger.

Nos ambitions ne vont même pas aussi loin. Elles se bornent à la construction de la première étape, celle d'Affreville au Touat. Cette première étape commencerait à Affreville, passerait à Laghouat et Goléah en Algérie. De Goléah au Touat, de l'extrémité de l'Algérie au Touat, il n'y a qu'une soixantaine de lieues, qui ont été minutieusement parcourues par Soleillet.

Nous sommes assuré qu'en s'arrêtant à l'extrémité du Touat, le chemin de fer par sa tête de ligne, exercera jusqu'au Soudan l'effet attractif qui se produit tou-

jours dans ces conditions et se manifeste
au moyen des transporteurs locaux.

Cette première étape mise en exploitation, la France ne tarderait pas à
reconnaître la nécessité de procéder
immédiatement à la construction de la
seconde étape.

Car celle-ci lui assurerait la possession
du plus bel empire colonial qu'il y ait sur
notre globe, du plus rapproché que puisse
ambitionner une puissance européenne,
qui semble même avoir été constitué par
la nature, créé par la providence pour être,
par destination, la colonie de la France.

— Eh quoi ! s'écriait un jour M. Berryer,
dans un de ses plus beaux mouvements
d'éloquence, — eh quoi ! la France ne
serait qu'une puissance continentale en
dépit de ces vastes mers qui viennent
rouler leurs flots sur ses rivages et solli-
citer en quelque sorte les entreprises de
son génie ! »

Il importe au suprême degré que la
France se reconstitue dans le plus bref
délai un empire colonial à la place de
celui qu'elle avait au siècle dernier ;
les avantages en seraient pour elle incal-
culables, plus grands même que ceux que
l'Angleterre a recueillis et recueille de
ses colonies lointaines.

Les industries, les manufactures françaises trouveraient, comme je l'ai dit au
début de ce travail, des débouchés
immenses, « illimités », dans le Nord-
Ouest de l'Afrique, au cœur du Soudan
et de l'Afrique centrale, dans les régions
du 5° au 37° degré de latitude.

Assurées de l'écoulement de leurs produits, elles seraient en mesure de se dé-
velopper en toute sécurité, sans crainte
de l'avenir ni de pléthore industrielle,
de donner un libre essor à leur production, de se livrer à la fabrication dans
toute leur plénitude d'action.

L'amélioration constante, régulière et
continue du sort de nos classes manufac-
turières et ouvrières, entraînerait néces-
sairement un accroissement proportionnel
de consommation de leur part. Elle serait

pour l'agriculture et le commerce
point de départ d'une ère nouvell
prospérité. Elle rejaillirait, en un
sur tous les éléments de la richesse
blique.

Voilà comment s'explique logique
l'axiome d'économie politique qui
clame que de la prospérité ou du dé
de ses colonies, date la grandeur
décadence d'un empire. Voilà comn
s'est élevée la puissance colossale de l'
gleterre. Voilà comment pourrait s'a
mer et grandir celle de la France, n
patrie.

Plus heureux que l'Angleterre,
n'est besoin que nous allions établir
colonies aux confins du monde. A
portes, nous avons le Soudan et
immenses agglomérations d'habit
Pour y fonder un empire colonial,
n'avons à exposer ni le sang de
armées, ni l'argent de nos budget
suffirait que legouvernement favorisé
constitution d'une société financière
ferait construire jusqu'au Niger un ch
de fer à travers le Sahara, ou du m
qu'il n'entravât pas l'initiative privée

Les chambres portugaises ont
récemment 40 millions pour relier l
colonies du Mozambique à celles
Congo. Or, d'une part, la région
sépare le Mozambique du Congo n
pas moins vaste, comme l'observait
cemment le plus illustre des promot
du Trans-Saharien — M. de Lessep
que celle qui est entre l'Algérie et le
négal. Et d'autre part l'Algérie est p
que contiguë à la France, tandis qu
Congo est à mille lieues du Portugal.

Les Français se montreront-ils
yeux de l'Europe, moins avisés, m
bons politiques que ne le sont les Po
gais dans des conditions coloniales m
favorables !

Les monarchies déchues et leur fo
tionnarisme corrompu ont été incapa
de gratifier la France de l'empire colo
du Soudan.

C'est à la République qu'elle le dev

Argenteuil. — Imprimerie P. Worms.